어린이를 위한
법이란 무엇인가

예영 글 | 김무연 그림
박지영(변호사) 도움글

주니어김영사

| 작가의 말 |

투명인간 같은 친구, '법'

여러분, 저한테는 투명인간 같은 친구가 있어요. 몸이 투명해서 눈에 보이지도 않고 손으로 만질 수도 없어요. 그래서 저는 이 친구의 존재를 잊고 지내기도 해요. 그런데도 이 친구는 변함없이 저를 지켜보며 도와주며 아무런 대가도 바라지 않는 정말 고맙고 믿음직한 친구랍니다.

그런데 이 친구는 여러분 곁에도 있어요. 다만 눈치를 못 챌 뿐이랍니다. 도대체 이 친구가 누구냐고요? 바로 '법'이에요.

이런, 실망하는 눈치군요. 그래요. 우리는 이 친구에게 대한 편견이 꽤 심한 편이에요. 어렵고 딱딱하고 지루해서 나랑은 전혀 가까워질 수 없다고 생각하지요. 그래서 아예 멀리하고요. 그렇죠?

하지만 이 친구가 없다면 어떨까요? 당장 거리로 나가 보세요. 도로에는 횡단보도나 신호등이 없는 상태로 자동차가 쌩쌩 달리고, 사람들 역시 차가 다니든 말든 마구 건너가면서 사고가 끊이지 않을 거예요. 정해진 기준이 없으니 누구의 잘잘못인지 가릴 수도 없겠지요. 그뿐인가요? 도둑질을 하거나 남을 때려도 처벌받지 않으니 세상은 눈 깜짝 할 사이에 엉망이 되고 말 거예요.

　그러나 다행히도 법이란 친구는 늘 곳곳에서 큰 활약을 하고 있어요. 횡단 보도에 '빨간 불이 켜지면 차가 지나가고 사람이 멈추고', '파란 불이 켜지면 차가 멈추고 사람이 지나간다'는 간단한 약속들로 사람의 생명을 지키는 마법 같은 역할을 하지요.

　여러분, 이 친구에 대해 좀 더 자세히 알고 싶지 않나요?

　《어린이를 위한 법이란 무엇인가》에는 우리가 사는 세상을 바르고 아름답게 이끌어 주는 '법'의 대활약이 담겨 있답니다. 뿐만 아니라 법을 통해 변화하고 발전하는 우리의 모습도 만날 수 있지요.

　이 책을 다 읽고 나면 여러분은 겉으로는 보이지 않지만 정말 믿음직스러운 친구를 갖게 될 거예요. 그리고 여러분 자신도 그 친구에게 더 좋은 친구가 되기 위해 노력하게 될 거예요.

　자, 그럼 특별한 친구 '법'을 만나러 가 볼까요?

예영

차례

작가의 말 ★ 4

하필, 하필이면 ★ 9
법은 약속이에요 · 16

법은 공기처럼 살아 숨 쉰다 ★ 18
법은 국민의 권리를 보호해요 · 34

법은 우리가 만드는 거라고? ★ 36
법은 누가 만들까요? · 46

왕따는 안 돼! ★ 48
[학교폭력예방법] 폭력은 또 다른
폭력을 낳을 수 있어요 · 68

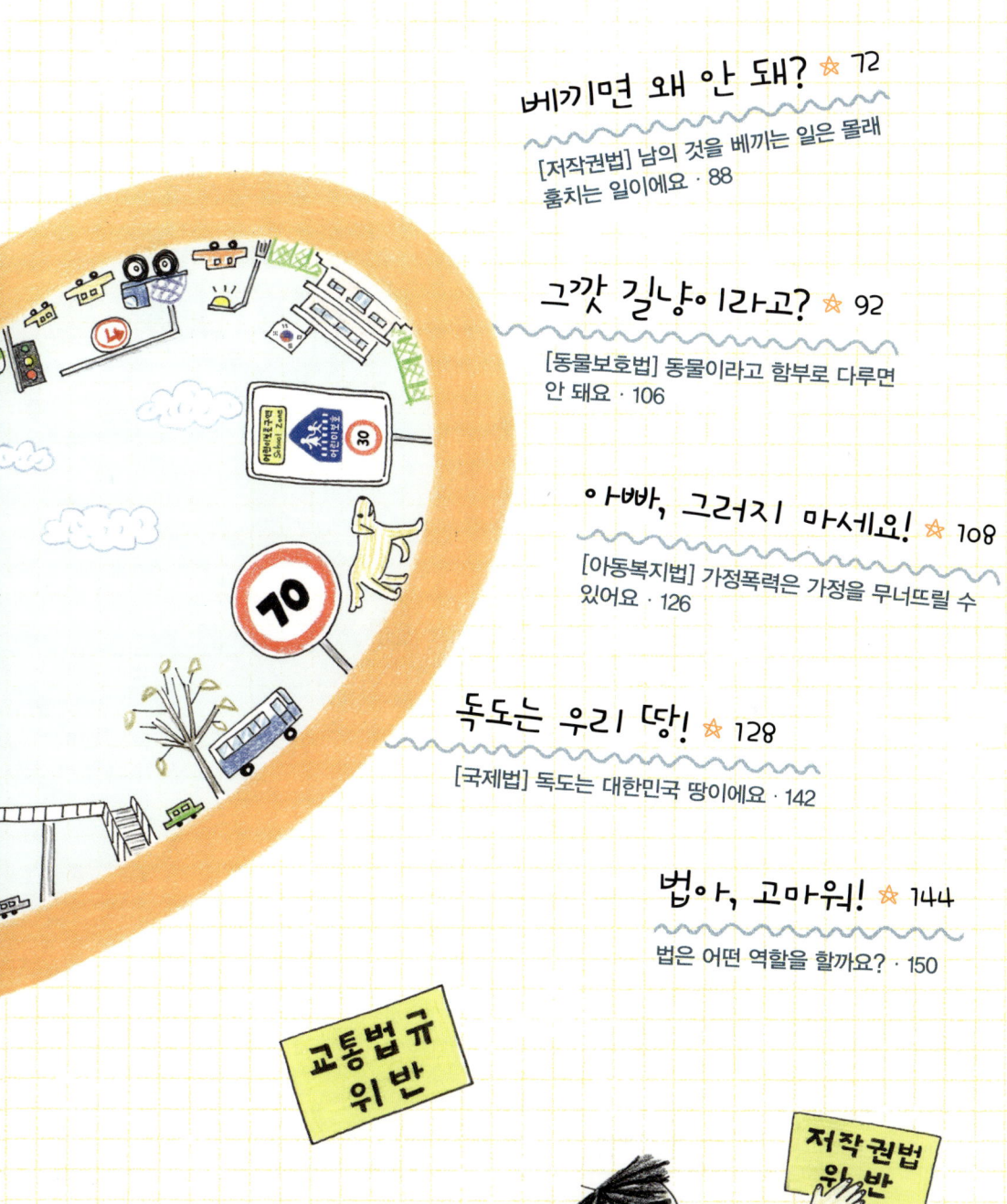

베끼면 왜 안 돼? ✮ 72
[저작권법] 남의 것을 베끼는 일은 몰래 훔치는 일이에요 · 88

그깟 길냥이라고? ✮ 92
[동물보호법] 동물이라고 함부로 다루면 안 돼요 · 106

아빠, 그러지 마세요! ✮ 108
[아동복지법] 가정폭력은 가정을 무너뜨릴 수 있어요 · 126

독도는 우리 땅! ✮ 128
[국제법] 독도는 대한민국 땅이에요 · 142

법아, 고마워! ✮ 144
법은 어떤 역할을 할까요? · 150

하필, 하필이면

"걱정 마, 확률은 6분의 5야."

동녘이는 자신만만했다. 하지만 3모둠 아이들의 표정은 걱정이 가득했다. 특히 대현이가 심했다. 대현이는 큰 덩치에 안 어울리게 다 기어들어가는 목소리로 말했다.

"하지만 그걸 뽑을 확률이 6분의 1이나 된다는 것도 무시할 순 없다고."

평소 돌다리도 두세 번은 두드려 보고 건널 것 같은 신중한 성격의 수진이도 뜻밖의 상황을 미리부터 걱정했다.

"안 되는 놈은 뒤로 넘어져도 코가 깨진다는 속담도 있잖아……."

뺀질이 우열이의 얼굴에도 불안한 기색이 보였다.

"동녘아, 제발 그것만은 안 돼."

우열이가 말하는 '그것'이란 사회 숙제로 써야 할 보고서 주제 중 하나였다.

담임 선생님은 '우리가 살면서 꼭 알아야 할 가치' 여섯 가지를 각 모둠별로 조사해서 보고서를 써 오라는 숙제를 내주었다. 여섯 가지 가치는 정치, 정의, 통계, 법, 평화, 평등이었다. 이중 모든 모둠이 맡지 않으려고 하는 주제가 바로 법이었다.

결국 각 모둠에서 한 명씩 대표로 제비뽑기를 해 정하기로 했다. 뽑는 순서를 정하는 가위바위보에서 첫 번째 주자가 된 3모둠 역시 듣기만 해도 어렵고 머리가 지끈지끈한 법은 피하고 싶었다. 동녘이는 법을 뽑지 않을 수도 있는 확률이 6분의 5나 된다는 데 큰 기대를 걸고, 자신만만하게 상자에서 여섯 개 종이 중 하나를 집어 들었다. 반 아이들의 시선이 모인 가운데 동녘이는 종이를 거침없이 펼쳤다. 하지만 그 순간 동녘이의 얼굴이 하얘지면서 3모둠을 뺀 나머지 아이들의 환호성이 교실을 뒤흔들었다.

"우아, 십 년 감수했다."

"이제 아무거나 뽑으면 돼!"

"법만 피하면 되거든!"

1분 전까지만 해도 자신만만했던 동녘이는 물에 젖은 빨래마냥 어깨가 축 늘어진 채 자리로 돌아왔다.

"이왕 뽑은 거 어쩌겠어. 그냥 받아들여야지."

대현이가 어깨를 두드려 주었지만 위로가 될 턱이 없었다. 그런 둘을 지켜보던 우열이가 목소리를 낮춰 얘기했다.

"걱정 마. 인터넷으로 검색해 보고 여기서 조금 저기서 조금 모아서 짜깁기하면 돼. 크크."

그때 우열이 뒤통수로 선생님의 따끔한 한마디가 날아들었다.

"명심해! 너희 모두 인터넷에 있는 내용을 그대로 베껴서 제출하면 무효야!"

"네에……."

아이들은 교실을 나서는 선생님의 등에 대고 아쉬운 목소리로 대답했다. 동녘이는 이 사태에 대해서 뭔가 책임을 져야 한다고 생각했지만 방법을 찾을 수가 없었다.

그런데 느닷없이 수진이가 환한 표정으로 소리를 질렀다.

"잠깐만, 해결 방법이 있어. 동녘이네 외삼촌이 변호사잖아. 그렇지, 동녘아!"

그 말에 우열이가 주먹을 불끈 쥐고 말했다.

"우아! 법에 관해 알려 달라고 부탁하면 되겠다. 이제 걱정 없다. 난 벌써 보고서를 다 쓴 기분이야."

아이들의 반응과 상관없이 동녘이의 눈동자는 지진이라도 난 듯 마구 흔들렸다.

"우, 우리 외삼촌?"

동녘이는 상자에서 뽑은 종이에 '법'이란 글자가 적혀 있을 때보다 더 난처했다. 변호사인 외삼촌을 별로 좋아하지 않기 때문이다. 아니, 싫어하기 때문이다.

외삼촌은 나이가 마흔 살이 될 때까지 고시원에 틀어박혀 사법 시험을 자그마치 십 년이나 봤다. 공부한다는 핑계로 그 흔한 아르바이트 한 번 해 본 적이 없었다. 내내 할아버지, 할머니에게 용돈을 넙죽넙죽 받아 쓰고 명절이나 집안 행사에는 코빼기도 비치지 않았다. 심지어 할아버지 칠순 잔치 때에도 시험을 앞두고 있다며

오씨네 막내아들 오봉석
경축 사법시험 최종 합격

빠지기까지 했다.

　그런 외삼촌이 작년에 드디어 변호사가 되었다. 그러더니 무릎이 툭 튀어나온 운동복 대신 양복을 빼입고 다녔다. 게다가 친척들은 변호사가 된 외삼촌에게 어쩌면 그렇게도 친한 척을 하며 잘 보이려 애쓰는지. 외삼촌이 왜 그렇게 오랜 세월 변호사가 되기 위해 애를 썼는지 알 것 같았다.

뭐, 그런 건 동녘이한테 별 상관이 없었다. 하지만 문제는 공부 얘기만 나왔다 하면 '외삼촌 좀 본 받아라!' 하고 잔소리가 뒤따른다는 것이다. 동녘이는 출세와 성공을 위해 열심히 공부한 외삼촌을 본받기는 싫었다. 그리고 그런 외삼촌한테 지금 당장 아쉬운 소리를 해야 한다니 영 내키지 않았다.

그때 대현이가 동녘이의 손을 꼬옥 붙잡고 물었다.

"동녘아, 외삼촌한테 연락할 거지?"

수진이가 그걸 보고 입꼬리를 올리며 웃어 보였다.

"약속 잡아서 시간 알려줘, 알았지?"

우열이는 닭살 돋게 손을 머리 위로 올려 하트 모양을 만들어 보이기까지 했다.

"우린 너만 믿는다."

이런 분위기에서 동녘이는 차마 안 된다는 말이 입 밖으로 나오지 않았다.

"끄응."

학교 수업이 끝나고 학원에 다녀올 때까지도 동녘이는 외삼촌에게 부탁을 할 것인지 말 것인지 결정을 내리지 못하고 망설이고 있었다.

"아, 정말 싫은데. 내가 이런 부탁을 하면 외삼촌이 얼마나 으스대며 잘난 척을 할까?"

하지만 보고서를 쓸 일을 생각하면 눈앞이 캄캄했다. 그리고 자신이 제비뽑기를 그렇게 해서 벌어진 일이라는 생각을 하니 더는 주저할 수 없었다.
"에잇, 모르겠다. 당장 급한 불부터 끄자!"
결국 동녘이는 전화기를 들고 외삼촌의 전화번호를 눌렀다.

▶ 쉬운 법 이야기 ①

법은 약속이에요

법이란 무엇인가요?

사람이 공동생활을 하며 살아가는 사회에는 규범이 있어요. 함께 사는 사회에서 자신의 이익만 챙기다 보면 다툴 수 있기에 규율과 기준을 만든 것이지요. 이렇게 질서를 유지하는 규범에는 법, 도덕, 관습 등이 있는데, 법은 반드시 지킬 수 있도록 국가에서 강제하고 있어요.

법의 분류

법은 법이 규율하는 대상과 주체에 따라 공법, 사법, 사회법으로 나눌 수 있어요. '공법'은 공적인 생활 관계를 규율하는 법으로서 헌법, 형법, 행정법, 민사소송법, 형사소송법 등이 있어요. 대체로 국가의 통치권이나, 국가가 국민에게 부담하는 의무, 국민이 국가에 대하여 가지고 있는 권리를 담았지요. '사법'은 개인 간의 관계를 규율하는 법으로서 민법, 상법 등이 있어요. 그런데 본래는 사법에 속해 있었으나, 경제적·사회적 약자를 보호하고자 사법상 권리에 제한을 주는 법들이 생겨났는데 그런 법을 '사회법'이라고 해요. 노동법, 경제법, 사회보장법 등이 있지요.

그리고 법이 존재하는 형식에 따라 성문법과 불문법으로 나누기도 해요. '성문법'이란 법 규범을 글로 표현해 놓은 법을 말하는데 프랑스 등

유럽 국가들이 채택하고 있어요. '불문법'이란 관습처럼 전해져 내려와서 글로 기록되어 있지는 않더라도 누구나 알고 지켜야 한다고 인식하는 법을 의미해요. 우리나라는 성문법 제도를 택하고 있어요.

약속과 법, 권리와 의무의 기초

우리는 법에 의해서 권리와 의무를 행하지요. '권리'란 어떤 이익을 누릴 수 있도록 법에 의해 주어진 힘이고, '의무'는 어떠한 행위를 해야 하거나 하지 말도록 법으로 정한 것이에요. 사람과 사람 사이, 국민과 국가 사이, 국가 기관 상호간에 권리와 의무를 지키며 살아가지요. 이는 법이 있어서 가능해요. 그리고 사회 구성원 모두가 그 법을 지키기로 동의하고 약속했기 때문이에요. 하지만 옛날에는 신분이 낮다는 이유로 무거운 의무를 지기도 하고, 신분이 높음을 내세워 권리를 함부로 행사하기도 했지요. '신분에서 계약으로'라는 말은 이와 같이 자유와 평등을 추구하는 근대적인 사회로 바뀌어 가는 것을 상징하는 말이기도 해요.

생각하기 & 토론하기

❶ 내가 알고 있는 법에는 어떠한 것들이 있나요?
❷ 법은 왜 지켜야 할까요?

법은 공기처럼 살아 숨 쉰다

다음 날 오후, 동녘이는 '오봉석 변호사 사무실' 앞에 도착했다. 오봉석 변호사가 바로 동녘이의 외삼촌이었다.

어제저녁에 전화를 받은 외삼촌은 동녘이의 부탁을 흔쾌히 들어주었다.

"내가 제일 예뻐하는 조카의 부탁인데 당연히 들어줘야지."

외삼촌은 동녘이가 자신을 싫어하는 줄은 정말 꿈에도 모르는 눈치였다.

"그나저나 애들은 왜 이렇게 안 오는 거야?"

시계를 보며 투덜대고 있는데 수진이와 대현이가 헐레벌떡 달려왔다.

"미안, 미안. 길냥이 밥 좀 챙겨 주고 오느라고."

수진이가 두 손을 모아 싹싹 비는 시늉을 했다.

"대현이 넌 왜 늦었는데?"

"현관문 나오다가 문턱에 걸려서 넘어졌어. 피가 좀 나서 약 바르고 오느라고."

그러고 보니 대현이는 다리를 약간 절고 있었다.

"너는 운동선수 못지않게 체격도 좋은 애가 왜 허구한 날 그렇게 비실대냐?"

대현이는 배시시 웃으며 뒤통수를 긁었다. 어찌나 자주 넘어지고 다치는지 늘 얼굴이나 목에 반창고를 붙이고 다녔다. 한번은 팔이 부러져 깁스를 하고 온 적도 있었다.

수진이가 두리번거리며 우열이를 찾았다.

"근데 우열이는 아직 안 왔나 봐."

"이 녀석, 전화도 안 받고 문자도 안 보는 걸 보니 또 게임에 빠져 있는 거 아냐?"

"흐흐, 김동녘. 어떻게 알았냐?"

능구렁이 같은 목소리가 들려 뒤돌아보니 우열이가 어느새 와 있었다.

"흐흐, 원래 주인공은 늦게 등장하는 법이거든."

"네가 무슨 주인공이야? 뺀질이지!"

동녘이가 성질을 내자 대현이가 아이들의 등을 밀었다.
"자자, 늦었으니 얼른 들어가자."
계단을 올라가자 '오봉석 변호사 사무실'이라는 팻말이 붙어 있는 문이 보였다.
"나 변호사 처음 만나는데 기대된다. 엄청 근사하겠지?"
수진이가 설레어 하는 걸 보고 동녘이는 콧방귀를 뀌며 사무실 문을 두드렸다.
그런데 아무 소리도 들리지 않았다.
"이상하네. 우리가 오는 거 알고 있을 텐데……."
동녘이는 살짝 문을 밀며 외쳤다.
"삼촌! 안 계세요?"
그제야 외삼촌의 목소리가 들렸다.
"어, 너희 왔구나?"
사무실 안쪽 화장실에서 나온 외삼촌의 모습은 엉망진창이었다. 바지는 무릎까지 둘둘 말아 올렸고, 넥타이 끝은 와이셔츠 주머니에 끼워져 있고, 손에는 고무장갑을 낀 채였다. 게다가 덥수룩한 머리에 굵은 뿔테 안경까지 껴서 꺼벙해 보이기 이를 데 없었다.
동녘이는 저도 모르게 눈살을 찌푸렸다.
'하나밖에 없는 조카가 친구들을 데리고 왔는데 하필 저런 꼴로 나타나다니…….'

함께 온 아이들도 표정 관리가 안 되는 눈치였다. 외삼촌도 어린 손님들의 뜨악한 반응을 눈치챘는지 난처해 했다.

"내가 모습이 좀 그렇지? 갑자기 화장실 수도가 고장 나서 손 좀 보느라고."

아이들은 회의실에서 사무원 누나가 가져다 준 음료수를 마시며 기다렸다. 잠시 후 외삼촌이 옷매무새를 가다듬으며 들어왔다. 아까보다는 정돈된 모습이었다.

외삼촌은 의자에 앉으며 말했다.

"그래, 법에 관한 보고서를 쓴다고? 뭐든 편하게 물어봐. 모르는 것 빼곤 다 가르쳐 줄 테니까."

서로 눈치를 보며 쭈뼛거리던 아이들은 수진이를 시작으로 질문을 쏟아 냈다.

"변호사는 어떤 일을 하나요?"

"변호사는 두꺼운 법전을 다 외우나요?"

"돈은 얼마나 버나요?"

그런데 아이들은 법에 대한 질문은 안 하고 변호사라는 직업에 대해서만 궁금해 했다.

"야, 지금 우린 '법이란 무엇인가'에 대해 물어보러 온 거야. 왜 엉뚱한 질문만 해?"

동녘이가 말렸지만 아이들은 들은 체도 안 했다.

"혹시 변호사가 된 특별한 이유가 있나요?"

"음, 특별한 이유라……."

대현이의 질문을 받고 외삼촌이 대답을 고민하자 동녘이가 끼어들었다.

"그건 내가 대신 대답할게. 우리 외삼촌은 남들한테 멋있게 보이고 으스대려고 변호사가 된 거야."

아이들이 의아한 눈으로 외삼촌을 바라봤다.

"정말이에요?"

뜻밖에도 외삼촌은 순순히 인정했다.

"맞아, 시작은 그랬어. 이왕이면 돈을 많이 벌고 남들이 인정해 주는 전문적인 직업을 갖고 싶어서 사법시험 공부를 시작했지. 그런데 법에 관해 공부하면서 법의 매력에 푹 빠져 버렸어. 그러다 보니……."

"그래서요?"

동녘이가 외삼촌을 빤히 바라보며 물었다.

"법을 다루는 여러 직업 중, 법을 잘 모르는 사람을 대신해 소송을 제기하거나 재판에서 변호해 주는 일을 하는 변호사가 나의 길이라고 결정했지."

이 또한 뜻밖의 대답이었다.

"법의 어떤 매력에 반했는데요?"

수진이가 탁자 앞으로 의자를 바싹 당겨 앉으며 물었다.

"글쎄, 그걸 한마디로 설명할 수 있을까?"

"저희도 법의 매력에 대해 알고 싶어요. 법은 너무 어렵게만 느껴지거든요."

우열이는 손으로 머리를 쥐고 인상을 찌푸렸다.

"실은 법이란 말만 들어도 머리가 지끈거려요. 특히 보고서 쓸 생각만 하면……."

"하하, 법에 대한 편견이 너무 심한데?"

외삼촌이 재미있다는 듯 웃으며 말했다.

"그럼 이번 기회에 그 편견을 깨 볼까요?"

대현이도 외삼촌 쪽으로 몸을 당겨 앉았다.

외삼촌은 그런 아이들을 둘러보며 진지한 표정으로 설명했다.

"법은 한 사회의 질서를 유지하고 정의를 실현하기 위해서 그 사회 구성원들이 정한 규범이야."

설명을 들은 아이들은 외삼촌의 얼굴만 멀뚱멀뚱 쳐다보았다.

"그 표정들은 이해하기 어렵다는 의미니?"

외삼촌의 말에 수진이가 헤헤 웃으며 대답했다.

"네. 잘 모르겠어요. 쉽게 설명해 주세요."

"그럼 이렇게 설명하면 되겠다. 법은 한마디로 약속이야."

"약속이라고요?"

"이 세상에는 수많은 사람이 함께 살아가고 있어. 이 사람들이 마찰 없이 살려면 약속이 필요하지. 만약 도로에 교통 신호가 없다면 어떻게 될까?"

동녘이는 교통 신호가 없는 거리를 상상해 보았다.

"차들이 서로 먼저 가겠다고 빵빵 경적을 울려 대며 속도를 내다가 교통사고가 날 거예요."

대현이는 몸을 피하는 척해 보였다.

"사람들은 차를 피해 다니느라 정신이 없을 테고요."

수진이는 몸을 피하는 대현이를 밀며 말했다.

"피한다 해도 이렇게 느닷없이 달려드는 차 때문에 사고를 당할 거예요."

그러자 우열이가 고개를 절레절레 저었다.

"어휴, 보나마나 도로는 하루 종일 교통사고로 엉망진창이 될 거예요."

외삼촌은 고개를 끄덕이며 아이들의 말에 공감한다는 뜻을 표현했다.

"그래, 상상만 해도 끔찍한 일이 벌어지겠지. 바로 이런 일을 예방하기 위해 법이라는 약속을 정하는 거야. 횡단보도에 빨간 불이 켜지면 차가 지나가고 파란 불이 켜지면 사람이 지나간다. 이 간단한 약속이 사람의 생명을 지킬 수 있거든."

수진이가 엄지손가락과 가운뎃손가락을 딱 소리 나게 튕겼다.

"사람과 사람이 서로 피해를 주지 않고 잘 살기 위해 정한 약속이 법이란 말씀이군요?"

"그래, 잘 정리했어. 법은 사람들이 사회를 이루며 살기 위해 모두가 꼭 지켜야 하는 가장 기본적이고 중요한 약속이야. 이 약속들은 오랜 세월을 거치며 사람을 보호하고 사회를 발전시키는 역할을 해 왔지."

갑자기 외삼촌이 목소리에 힘을 주었다.

"하지만 약속을 어기는 경우에는 그에 따르는 책임을 져야 한다는 것도 잊으면 안 돼."

그때 동녘이가 외삼촌의 말에 끼어들었다.

"맞아요. 약속을 어겼는데도 약속을 지킨 것과 아무런 차이가 없다면 아무도 약속을 지키려 하지 않을 테니까요."

외삼촌이 엄지와 검지 손가락을 동그랗게 모아 흔들어 보였다. 맞다는 표시였다.

이번에는 듣기만 하던 우열이가 물었다.

"그런데 법은 어디에 있나요? 어떤 법이 있는지 알아야 지킬 텐데 어디에 있는지 알 수가 없잖아요."

"어디에 있긴. 우리 생활 곳곳에 있지."

모두 외삼촌의 말을 이해하기 어려웠는지 고개를 갸우뚱했다.

"너희가 많은 시간을 보내는 학교를 예로 들어 볼까? 학교에는 교실과 복도가 있고 화장실이 있어. 또 뛰어놀 수 있는 운동장과 운동 기구들이 있지. 급식실에는 수도 시설이 있고. 이런 시설은 그냥 아무렇게나 만드는 게 아냐. 건축법에 따라 정해진 시설과 크기를 갖추어야 해."

생각해 보니 건축법이 뭔지는 몰라도 삼촌의 말은 이해할 수 있었다. 적게는 수백 명에서 많게는 수천 명의 학생이 다니는 건물을 짓는 데 법적 기준이 없다면 오히려 이상한 거였다.

외삼촌은 또 다른 예를 들어주었다.
"학교에서 나와 집으로 가는 길에도 곳곳에 법이 있어. 학교 앞 도로에서는 차가 빠른 속도로 달리면 안 되고, 차나 사람이나 횡단보도를 건널 때에는 반드시 신호등에 맞춰 건너야 해. 이것 역시 교통 법규를 따른 것이지. 또……."
우열이가 삼촌의 말을 이어받았다.
"우리가 문방구에 진열된 장난감을 갖고 싶어도 함부로 훔치지 않고 구경만 하는 것도, 과자 봉지를 거리에 마구 버리지 않는 것

도 다 법을 어기지 않기 위한 행동이겠죠?"

"이야, 하나를 알려 주면 열 가지를 이해하네!"

아이들은 어렵다고만 생각했던 법 이야기에 끼어들 수 있다는 사실을 흥미롭게 느꼈다.

"듣고 보니 여기저기에 법이 관련되어 있지 않은 게 없네요."

"그래서 법을 '공기'와 비슷하다고 해. 눈에 보이지 않지만 곳곳에서 우리의 생활을 지탱하고 이끌어 가고 있거든."

순간, 회의실에 침묵이 흘렀다.

"……."

"그런데 너희 눈빛이 갑자기 왜 그래?"

외삼촌을 보는 수진이의 눈빛이 아까와 달라져 있었다.

"멋있어서요. 사실 처음에 변호사님이 어리바리해 보여서 좀 걱정을 했거든요."

우열이와 대현이도 웃음을 참지 못하고 소감을 전했다.

"전문가다운 모습이라고는 아무리 봐도 안 보였거든요. 어떻게 그 어려운 시험에 붙어서 변호사가 됐나 의심도 했고요."

"크크. 나도 그렇게 생각했는데."

외삼촌은 꽤 당황한 눈치였다.

"내, 내가 그래 보였니? 동녘이 너도 그래?"

"아니라고는 못 하겠어요."

"야, 너까지……."

"그런데 오늘 외삼촌 얘기 듣고 있으니 정말 변호사 같아서 멋져 보여요."

오늘은 정말 외삼촌이 달라 보였다. 동녘이는 그동안 외삼촌에게 가졌던 삐딱한 생각이 사라지는 것 같았다.

우열이가 외삼촌을 향해 엄지손가락을 세워 보였다.

"변삼촌, 짱이에요!"

외삼촌은 작은 눈을 놀란 토끼처럼 깜빡였다.

"변삼촌은 또 뭐냐?"

"변호사 삼촌의 준말이에요."

"하하! 누가 잘못 들으면 똥삼촌이라고 하겠다!"

외삼촌은 말은 그렇게 했지만 새로운 호칭이 꽤 마음에 드는 눈치였다.

그때 스피커폰이 울렸다.

"변호사님, 상담 전화입니다."

아이들이 자리에서 일어났다.

"오늘은 여기까지 하자. 궁금한 게 있으면 언제든 찾아와."

"네, 변삼촌!"

변호사 사무실을 나온 아이들은 약속이나 한 듯 자연스럽게 분식점으로 향했다. 떡볶이를 주문하고 기다리는데 동녘이가 한 가지 제안을 했다.

"우리도 법을 만들자. 우리 넷이 모둠 숙제를 잘 마치려면 우리만의 약속이 있어야 할 것 같아."

수진이가 바로 찬성했다.

"좋은 생각이야. 넷이 모여서 하다 보면 아무래도 의견이 엇갈려서 문제가 생길 수 있어."

우열이가 귀찮은 표정을 지었다.

"야, 숙제만으로도 골치 아픈데 무슨 법을 만들어?"

동녘이가 손을 뻗어 우열이를 가리켰다.

"너 같은 뺀질이 때문에 그런다, 왜!"

"내가 뭘……."

"너는 인터넷에서 대충 베껴 오거나 요리조리 핑계 대며 늑장 피울 게 뻔하거든."

그 말에 대현이가 포크로 떡볶이를 찍어 올리며 맞장구쳤다.

"맞는 말이야. 우열이는 우리 3모둠의 공식 구멍이나 마찬가지거든. 그렇지?"

"뭐, 뭐얏?"

우열이가 발끈했지만 아이들은 아랑곳 하지 않고 3모둠만의 법을 만들기 위한 의견을 냈다. 그리고 세 가지 약속이 정해져서 3모둠의 법이 완성되자 대현이가 떡볶이 접시를 앞으로 당기며 환호성을 질렀다.

"난 대찬성! 내가 제일 많이 먹는데 똑같이 나눠 내면 나만 이득 이걸랑!"

▶ 쉬운 법 이야기 ②

법은 국민의 권리를 보호해요

국가와 법

법은 사람들의 권리를 보호하고 분쟁을 예방하며, 실제로 분쟁이 생기면 해결할 수 있는 기능을 갖고 있어요. 법의 효력이 미치는 국민인 이상 동일하게 법을 적용받기 때문에 정의롭고 평등한 사회가 되기 위해서는 법이 반드시 필요하지요.

국가권력 또한 법을 다루는 능력이 있어요. 법을 제정하는 '입법권', 법을 해석하고 판단하고 적용하는 '사법권', 법에 따라 공익을 실현하기 위한 국가활동을 하는 '행정권'이 있어요. 이것을 각각 입법부, 사법부, 행정부에 분담시켜 국가권력이 집중되거나 남용하는 것을 방지하는데 이를 삼권분립이라고 해요. 이 삼권분립을 통해 국가권력과 정치가 법에 의해 이루어지는 법치주의가 실현되지요.

최고의 법, 헌법

헌법은 모든 법 중 가장 상위에 있는 법으로, 국민의 권리와 의무를 비롯해 국가 운영에 필요한 기본 내용을 담고 있어요. 대한민국 헌법 제1조 제1항은 '대한민국은 민주 공화국이다.'라고 규정하고 있고, 제2항에서는 '대한민국의 주권은 국민에게 있고, 모든 권력은 국민으로부터 나온다.'고 선언하고 있어요. 또한 헌법은 모든 국민이 인간으로서의 존엄과 가치, 행복을 추구할 권리를 가지고 있고 국가는 이것을 보장할 의무가 있다고 규정하지요.

헌법은 주권자인 국민이 만든 최고의 법이기 때문에 법률이 헌법에 위배되는 내용을 담고 있어서는 안 되며, 국가 또한 헌법에서 정한 국민의 기본권을 침해해서는 안 되지요.

법에 따른 공정한 재판

법을 해석하고 적용하는 사법권을 담당하고 있는 곳은 법원이에요. 법원은 법관으로 구성되어 있으며, 법관은 헌법과 법률에 의해 그 양심에 따라 독립해 심판하도록 헌법에 규정되어 있어요. 공정한 재판을 통해 국민의 권리가 보호받고 국가의 질서가 유지될 수 있지요.

생각하기 & 토론하기

동녘이네 3모둠처럼 필요하다고 여기는 법이 있다면 법을 만들고 다음 내용들을 확인해 보세요.

❶ 이 법은 왜 만들었고 만드는 과정에서 의견 충돌이 있었다면 어떻게 해결했나요?

❷ 이 법은 누가 지켜야 하나요?

법은 우리가 만드는 거라고?

거리는 온통 노랫소리로 가득했다. 일주일 뒤에 치러지는 국회 의원 보궐 선거를 앞두고 홍보 차량이 거리를 누비며 선거 홍보 노래를 내보내고 있었다. 그 앞에서는 국회 의원 후보와 선거 운동원들이 시민들에게 인사를 하느라 바빴다.

그 어수선함 속에서 오봉석 변호사 사무실로 향하는 3모둠 아이들의 어깨가 축 처져 있었다. 아이들 귀에는 스피커에서 요란하게 울려 퍼지는 노랫소리도 선거 운동원들의 구호 소리도 들리지 않았다.

아이들은 변삼촌 사무실에 도착해서도 좀처럼 표정이 나아지지 않았다.

변삼촌이 고개를 갸웃하며 물었다.

"너희 표정이 왜 그래? 꼭 뭐 씹은 것처럼."

동녘이가 풀 죽은 목소리로 대답했다.

"오늘 중간 시험 채점표가 나왔거든요."

수진이는 두 손으로 귀를 막는 시늉을 했다.

"아! 엄마의 잔소리가 벌써부터 귓가에 들리는 것 같아요."

그러자 우열이가 수진이를 향해 짜증 난다는 표정을 지었다.

"야, 너처럼 공부 잘하는 애가 엄살 부리면 더 짜증 나. 나야말로 성적이 너무 많이 떨어져서 적어도 열흘은 잔소리를 들어야 할 것 같다고!"

"아냐, 네가 우리 엄마를 몰라서 그래. 우리 엄마는 기대치가 너무 높아. 아마 백 점을 맞아야 만족할걸?"

다래끼가 나서 한쪽 눈에 안대를 하고 온 대현이가 머리를 움켜쥐며 말했다.

"난 자고 나면 내일이면 좋겠다."

변삼촌이 바로 옆에 앉은 대현이의 어깨를 토닥거리며 위로해 주었다.

"쯧쯧. 내가 너희 심정, 충분히 이해하지."

"네네, 당연히 이해하시죠. 사법시험을 십 년이나 본 분인데."

동녘이의 장난기 가득한 말에 변삼촌이 식은땀을 뻘뻘 흘렸다.

그 바람에 아이들은 웃음을 터트렸고 시무룩하던 분위기가 조금 밝아졌다.

그런데 수진이가 웃다 말고 투덜거렸다.

"그나저나 시험 같은 거 없애는 법 좀 만들 수 없을까?"

대현이는 이미 같은 생각을 하고 있었던 듯 바로 대답했다.

"난 청와대에 가서 대통령을 만나서 사정해 볼까 생각 중이야. 어때? 너희도 같이 갈래?"

그 말에 우열이가 손뼉을 치며 반겼다.

"그거 진짜 좋은 생각이다. 당연히 같이 가야지."

그러자 변삼촌이 화들짝 놀랐다.

"너희, 혹시 법을 대통령이 만든다고 생각하는 거니?"

"네!"

아이들은 모두 당연하다는 듯 자신 있게 대답했다.

그런데도 놀란 변삼촌의 표정이 바뀌지 않자 동녘이가 물었다.

"그럼 변호사가 만드나요? 아니면 검사? 판사?"

변삼촌은 고개를 가로저었다.

"법을 만드는 건 대통령도, 변호사도, 검사도, 판사도 아니야. 법은 바로 국민이 만드는 거야."

"에이, 설마요."

동녘이는 영 못 믿겠다는 투로 말했다. 다른 아이들도 마찬가지였다.

"너희 4년마다 한 번씩 선거를 치러서 국회 의원을 뽑는 것은 다 알고 있지?"

"네."

"왜 국회 의원을 뽑는지 그 이유도 알아?"

모두 대답을 망설이는 가운데 수진이가 머뭇거리며 말했다.

"음, 모든 국민이 나라 일에 참여할 수 없으니까 지역마다 대표를 뽑아 정치에 참여시키려고요."

"맞아, 그래서 국회 의원들을 국민의 심부름꾼 또는 국민의 대표라고 하지. 국민은 자기가 뽑은 국회 의원에게 나라의 중요한 사항을 결정할 권한을 주는데, 그중 가장 중요한 게 바로 법을 만드는 일이야."

"아하! 그래서 법을 만드는 게 국민이라고 한 거군요."

"그래, 정확히 말하면 법은 국회 의원들로 구성된 국회에서 만들어지지."

이번에는 청와대를 찾아가겠다던 대현이가 물었다.

"그럼 우리가 원하는 시험을 없애는 법을 만들려면 국회 의원들을 찾아가서 이야기해야겠네요?"

아이들이 적극적으로 물어오자 변삼촌은 회의 탁자 위에 두 팔을 올리며 몸을 당겨 앉았다.

"이론상으로는 그렇지. 하지만 국회 의원한테 이야기한다고 그런 법이 쉽게 만들어질까?"

"그, 글쎄요."

당장 해답을 찾은 듯 말하던 우열이는 금방 자신 없는 목소리로 꼬리를 내렸다. 변삼촌은 아이들 반응이 재미있는지 고개를 돌려 피식 웃었다.

"그럼 너희가 원하는 법을 진짜 만들 수 있는지 법을 만드는 과정을 들어보고 판단해 봐."

아이들은 준비해 온 공책을 펼치고 연필을 들었다.

"먼저 법을 만들거나 고칠 필요가 생기면 국회 의원 열 명 이상이나 정부가 법안을 작성해서 국회에 제출해. 그러면 국회 의원으로 구성된 상임위원회에서 새로운 법안이 꼭 필요한지, 국민에게 해롭지는 않은지, 국가에는 이로운지 의논해. 그런 다음 법제 사법 위원회에서 법의 형식과 내용이 제대로 갖추어졌는지 심사를 하고, 문제가 없으면 국회 의원 전체가 모인 본회의에서 최종적으로 논의한 후 투표에 부쳐. 이때 본회의에는 국회 의원의 절반 이상이 참석해야 하고, 그중 다시 절반이 넘는 국회 의원이 찬성해야 법률안이 통과돼."

변삼촌은 아이들이 공책에 적는 것을 기다려 가며 천천히 설명했다.

"그렇게 해서 통과된 법은 정부(입법, 사법, 행정의 삼권을 포함하는 통치 기구를 전부 이르는 말)에 보내서 대통령에게 전달돼. 그럼 대통령은 15일 안에 법을 발표해야 하는데, 만약 대통령이 새로운 법에 찬성하지 않으면 도로 국회로 돌려보내지. 그리고 다시 국회의원의 절반 이상이 참석하는 회의를 열어. 이때 참석자의 3분의 2 이상이 새로운 법에 찬성하면 대통령은 거부하지 않고 이 법을 발표하지."

우열이가 두 손으로 머리 양쪽을 잡고 흔들며 인상을 썼다.

"으아, 뭐가 그렇게 복잡해요? 머리에 쥐가 날 것 같아요."

변삼촌은 흔들리는 우열이의 머리를 바로잡아 주며 웃었다.

"복잡한 게 아니라 신중하고 조심스러운 거지. 법은 나라의 정신이자 기둥이고, 일단 법으로 정해지면 모든 국민이 지켜야 하니까."

아이들은 그 말을 듣고서야 법을 만드는 과정이 왜 그렇게 복잡할 수밖에 없는지 조금 이해할 것 같았다.

그때 열린 창문으로 보궐 선거(의원이 임기 중에 빈 자리가 생겼을 때 실시하는 임시 선거) 국회 의원 후보의 우렁찬 구호가 들려왔다.

"여러분의 부탁을 실천하는 국회 의원이 되겠습니다!"

동녘이가 급하게 가방을 들고 일어섰다.

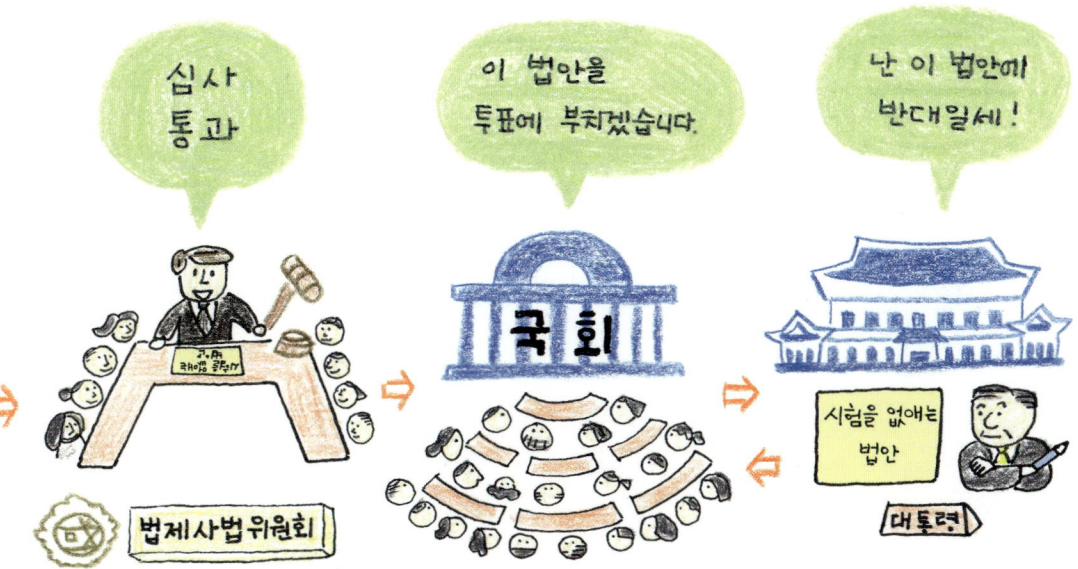

"얘들아, 우리도 부탁하러 가자."

"뭘?"

수진이가 의자에 앉은 채 동녘이를 올려다보며 물었다.

"뭐긴 뭐야, 시험을 없애는 법을 만들어 달라고 부탁해야지."

"아, 맞다! 국회 의원이 법안을 제출한다고 했지?"

수진이가 냉큼 가방을 챙겨 들었다. 동시에 우열이와 대현이도 자리에서 후다닥 일어났다.

"변삼촌, 오늘 감사해요. 저희는 바빠서 이만……."

아이들은 인사를 하는 둥 마는 둥 하며 변호사 사무실을 나왔다. 마침 변호사 사무실 건물 바로 앞에서 국회 의원 후보가 지나가는 시민들에게 인사를 하고 있었다.

아이들은 국회 의원 후보에게 달려가며 큰 소리로 외쳤다.

"후보님!"

시민과 악수를 나누던 국회 의원 후보가 아이들을 돌아보았다. 동녘이가 앞으로 나서서 말했다.

"저희는 밝은초등학교 5학년 1반 학생들인데요. 예비 국회 의원님께 부탁드릴 게 있습니다."

국회 의원 후보가 무릎을 구부려 아이들과 키 높이를 맞춰 주며 물었다.

"미래의 예비 투표자님들, 무슨 부탁인데요?"

동녘이가 미래의 예비 투표자 자격으로 당당하게 건의했다.

"국회 의원이 되면 대한민국에서 시험을 없애는 법을 꼭 발의해 주세요. 시험을 보느라 고통 받는 대한민국 학생들을 대표해서 부탁드립니다."

아이들은 허리를 굽혀 공손히 인사했다. 국회 의원 후보는 잠시 생각하는 듯하더니 이렇게 대답했다.

"그럼, '학생은 시험이 없어도 열심히 공부해야 한다'는 법부터 만들어야겠는데. 하하!"

▶ 쉬운 법 이야기 ③

법은 누가 만들까요?

국회, 그리고 입법

최고 상위법인 헌법 다음의 법은 국회에서 만드는 '법률'이에요. 헌법 제40조에 입법권은 국회에 속한다고 되어 있어요. 그러나 모든 법을 국회에서 만드는 것은 아니고 대통령, 국무총리, 행정 각부의 장은 각 대통령령, 총리령, 부령이라는 '명령'을 제정할 수 있지요. 대법원, 헌법 재판소 등에서도 '규칙'을 만들 수 있어요. 그리고 지방자치단체도 '조례'를 만들 수 있지요. 이러한 명령, 규칙, 조례는 상위법인 헌법이나 법률에 위배되지 않게 헌법과 법률에서 정한 범위 안에서 만들어야 하지요.

이렇게 국회에 입법권을 부여하고 각 국가기관이 법을 제정할 수 있도록 한 것은 모두 헌법에 의한 것이며, 헌법은 국민의 의사에 따라 최고의 법으로 자리매김하고 있지요.

법을 만들거나 바꾸고 싶다면?

국민들이 선거를 통해 선출한 국회 의원들은 정치, 경제, 사회, 문화의 전 영역에 걸쳐 적정한 법률이 만들어질 수 있도록 의정 활동을 하고 있어요. 또한 국민은 제정 또는 변경되기 원하는 법률이 있다면 국회에 청원할 수 있어요. 헌법은 국민의 청원권을 보장하고 있고 국회법은 청원의 절차에 관해서도 규정하고 있지요.

그리고 헌법도 개정할 수 있어요. 대한민국헌법은 1948년 7월 12일에 제정되고 9차에 걸쳐 개정되었어요. 헌법은 국가와 국민의 모든 영역을 규율하는 법이기 때문에 시대와 상황에 따라 개정하기도 해요. 그러나 최고의 법인 헌법이 정치 세력이나 정권에 의해 쉽게 개정되는 것을 막기 위하여 개정 요건이 매우 엄격해요. 헌법 개정은 국회재적의원 과반수 또는 대통령의 발의로 제안되고, 헌법 개정안이 공고된 날로부터 60일 이내에 국회 재적 의원 3분의 2 이상의 찬성을 얻으면 국민 투표를 할 수 있어요. 이때 국회 의원 선거권자 과반수의 투표와 투표자 과반수의 찬성을 얻으면 헌법 개정안이 확정되지요.

하지만 헌법의 기본 정신, 즉 국민주권주의나 인간의 존엄과 가치 등에 관한 조항은 헌법 개정 절차를 통해서도 개정할 수 없어요.

생각하기 & 토론하기

❶ 내가 만들고 싶은 법에는 어떤 것이 있나요?
❷ 위와 같은 법을 만든 이유는 무엇인가요?
❸ 그 법이 실행되려면 무엇이 필요한가요?

왕따는 안 돼!

"6모둠, 일어나!"

'우리가 살면서 꼭 알아야 할 가치'에 대한 보고서를 제출하고 난 다음 날 사회 시간이었다. 선생님은 각 모둠별로 보고서를 칭찬하고는 마지막으로 6모둠을 호명했다.

6모둠 아이들이 싱글벙글 웃으며 자리에서 일어났다. 그러나 선생님의 입가에는 좀 전과 달리 웃음기가 싹 사라지고 없었다.

"6모둠은 총 인원이 네 명인데 왜 세 명만 보고서를 썼지?"

선생님의 물음에 성태가 큰 목소리로 당당하게 대답했다.

"가람이가 드라마 촬영이 바쁘다고 해서 저희끼리 할 수밖에 없었습니다."

선생님이 가람이를 쳐다보며 물었다.

"진가람, 정말 그랬어?"

가람이는 같은 모둠 아이들의 눈치를 보며 기어 들어가는 목소리로 대답했다.

"네에……."

"가람아, 선생님이 보고서 숙제 내줄 때 했던 말 기억하니?"

"아무리 스케줄이 바빠도 친구들과 하는 숙제는 빠지지 말라고 하셨어요."

"그래, 넌 탤런트이기 전에 학생이라고 했지. 그런데도 빠졌다는 건 학교생활을 중요하게 생각하지 않는다는 것 아닐까?"

가람이가 곤란한 표정으로 손사래를 쳤다.

"그, 그건 아니에요."

선생님은 반 아이들 전체를 향해 말했다.

"내가 이 보고서 숙제를 내준 이유는 가치에 대해 공부하라는 의미도 있지만, 너희가 함께 어울려 의견을 나누며 완성하기를 바라는 마음도 있었어."

아이들은 선생님의 말에 모두 고개를 끄덕였다. 동녘이도 선생님 말에 동의했다. 3모둠 아이들과 보고서를 쓰면서 훨씬 가까워진 느낌이었다.

선생님은 다시 6모둠 아이들을 쳐다보았다.

"그런 의미에서 6모둠은 앞으로 일주일 동안 방과 후 교실 청소를 한다."

그 말에 성태가 항의했다.

"저희는 피해자예요. 네 명이 할 걸 세 명이 하느라 힘들었는데 왜 저희까지 벌을 받아야 해요?"

같은 모둠인 진규와 해철이도 억울함을 호소했다.

"저희는 정말 열심히 했단 말이에요."

"너무 억울해요."

그러자 가람이가 당황한 목소리로 말했다.

"서, 선생님. 다 제 잘못이에요. 저 때문에 일어난 일이니 청소는 혼자 할게요."

선생님은 팔짱을 끼고 6모둠을 바라보며 한숨을 쉬었다.

"너희가 아직도 내가 야단치는 이유를 파악하지 못했구나. 내가 이 보고서를 쓰라고 한 이유는, 너희가 보고서를 쓰면서 서로의 이야기에 귀를 기울이고 의견을 존중하며 가까워지라는 뜻이었어. 그런데 너희 모둠은 전혀 그러지 못한 것 같아. 오늘부터 6모둠은 네 명 모두 2주일 동안 방과 후 청소를 맡는다!"

6모둠 아이들은 선생님의 따끔한 말에 더는 대꾸하지 못하고 자리에 앉았다.

냉랭한 분위기 속에서 마지막 수업이 끝나고 선생님이 나가자마자 아이들은 그제야 참았던 숨을 내쉬었다.

우열이가 책가방에 공책을 넣으며 소곤거렸다.

"6모둠 말이야. 가람이가 스케줄 때문에 빠진 게 아니라 성태 무리가 일부러 따돌린 거지?"

우열이의 말에 수진이가 손으로 입을 가리고 말했다.

"그건 안 봐도 뻔한 일이야."

대현이도 들릴 듯 말 듯 작은 한숨을 쉬었다.

"어휴, 오늘 일로 또 성태가 가람이를 얼마나 괴롭힐지……."

동녘이는 말없이 6모둠 쪽을 바라보았다. 성태의 붉으락푸르락한 얼굴과 핏기 하나 없이 주눅이 들어 있는 가람이의 얼굴이 대비되어 보였다.

동녘이는 6모둠에서 일어난 상황을 대강 짐작할 수 있었다. 가람이는 드라마 스케줄 때문에 보고서를 작성하는 데 빠진 게 아니라는걸. 분명히 성태를 중심으로 진규와 해철이가 일부러 가람이를 따돌렸을 것이다.

사실 이 아이들은 학기 초부터 가람이를 괴롭혀 왔다. 급식 시간에 일부러 발을 걸어 급식판을 엎게 만들고, 머리카락에 껌을 붙이고, 몰래 가방을 뒤져 교과서를 빼돌렸다. 또 책상 속에 쓰레기를 집어넣는 유치한 짓까지 해서 가람이를 괴롭히고 선생님한테 혼나게 했다. 그런 일이 반복되면서 가람이는 5학년 1반의 공식 왕따가 되었다.

그리고 성태는 가람이를 왕따 시키는 이유를 이렇게 말했다.

"이 자식이 텔레비전에 좀 나온다고 툭하면 수업에 빠지면서 분위기를 흐려 놓잖아. 대사도 몇 마디 없는 엑스트라 주제에 얼마나 뻐기는지 재수 없어!"

사실 이건 핑계였다. 가람이는 뻐기지도 않았고, 수업을 빠지기는 했지만 반 분위기를 흐린 적은 없었다. 그러나 성태에게 왕따로 찍힌 이상 벗어날 길이 없었다. 아마 성태에게 다음 번 왕따 대상자가 걸리기 전까지는 가람이가 계속 당할 수밖에 없을 것이다. 더구나 한때 '국민 조카', '연기 신동'으로 불릴 정도로 유명세를 타다가 인기가 한풀 꺾인 가람이는 성태가 골리기에 아주 좋은 조건이었다.

아이들은 이런 사정을 뻔히 알면서도 괜히 자기한테 불똥이 튈까 봐 모른 체했다. 동녘이도 마찬가지였다.

"동녘아, 뭐 해. 안 가?"

동녘이는 아이들을 따라 교실 밖으로 나갔다.

무거운 마음으로 운동장을 가로질러 가는데 대현이가 동녘이 등을 치며 물었다.

"야, 너 책가방 어쨌어?"

그 말에 등을 더듬어 보니 책가방이 없었다. 급하게 아이들을 따라 나오느라 책가방을 놓고 나온 모양이었다. 동녘이는 뒤돌아 교실로 달려갔다. 그런데 교실이 가까워질수록 발이 무거워졌다. 어쩐지 교실 안에서 보고 싶지 않은 상황이 발생하고 있을 것 같은 기분이 들었다. 동녘이는 발걸음 소리가 나지 않게 조심조심 교실 뒷문으로 다가갔다. 과연 교실 안에서 설마설마했던, 아니 예상했던 일이 벌어지고 있었다.

"야, 뭘 꾸물거려. 빨리빨리 안 할래?"

성태 무리가 빗자루로 바닥을 쓰는 가람이를 쫓아다니며 쓰레기통을 쏟아 붓고 있었다. 쓸어도 쓸어도 계속해서 쏟아지는 쓰레기 때문에 청소는 언제 끝날지 알 수 없었다.

계속 빗자루질을 하던 가람이가 고개를 들어 아이들을 쳐다보았다. 말할 수 없이 괴로운 표정이었다.

성태는 아랑곳하지 않고 모아 놓은 쓰레기를 다시 발로 흐트러뜨리며 말했다.

"재수 없는 녀석, 네가 쳐다보면 어쩔 건데?"

"자꾸 이러면 청소를 끝낼 수가 없잖아."

"이게 다 누구 때문인데 그래?"

성태의 시비에 진규와 해철이도 거들고 나섰다.

"너 때문에 선생님한테 혼나고 그것도 모자라 2주나 청소하게 됐잖아!"

"남한테 피해를 줬으면 미안한 마음으로 책임을 져야지. 네가 무슨 자격으로 투덜거려?"

가람이는 뭔가 할 말이 많은 듯했지만 입술을 꾹 다물고 참고 있었다.

동녘이는 저도 모르게 주먹을 쥐었다. 마음 같아서는 성태에게 당장 그만두라고 소리치고 싶었지만 그럴 용기가 나지 않았다. 혹시 끼어들었다가 자신이 새로운 왕따가 될지도 모른다는 생각에 두려웠다. 지금까지처럼 모른 체하는 게 현명한 거라는 생각도 들었다.

순간, 고개를 드는 가람이와 눈길이 마주쳤다. 가람이의 눈빛은 이렇게 말하는 것 같았다.

'도와줄 게 아니면 빨리 사라져.'

동녘이는 너무 부끄러워서 책가방을 들고 나올 엄두도 못 내고 도망쳤다. 운동장에서 기다리던 아이들이 왜 빈손으로 왔냐고 물었지만 대충 얼버무리고 집으로 돌아왔다.

저녁에 변삼촌이 놀러왔다.

"동녘이 너, 보고서 다 쓰고 나니까 이제 삼촌한테 연락도 안 하냐?"

"헤헤."

동녘이는 멋쩍은 표정으로 뒤통

수를 긁적였다.

엄마가 저녁 준비를 하며 말했다.

"초등학생이 변호사 사무실에 들락거려서야 되겠니? 자고로 경찰서나 법 관련된 곳은 멀리하는 게 좋다더라."

"누나도 참. 변호사 사무실은 범죄자가 드나드는 곳이 아니래도 그러네."

변삼촌과 동녘이는 아빠가 오기를 기다리며 텔레비전 앞에 앉았다. 삼촌은 리모컨으로 채널을 돌리다가 한 드라마에서 멈췄다.

"우아, 쟤 국민 조카 진가람이잖아!"

오랜만에 가족 드라마에 출연한 가람이의 모습이 보였다. 드라마 속 가람이는 현실과 달랐다. 학교에서의 주눅 든 모습은 눈을 씻고 찾아봐도 없었다. 환하게 웃는 가람이는 정말 행복해 보였다. 학교에서 보였던 우울한 모습을 지워 버리고 저렇게 밝은 모습을 연기하다니 가람이는 연기 천재가 틀림없었다.

엄마가 변삼촌이 하는 말을 듣고 아는 체를 했다.

"진가람이랑 동녘이랑 같은 반이야."

그 말에 변삼촌이 흥분해서 동녘이 팔을 잡으며 부탁했다.

"동녘아, 사인 좀 받아와. 나 진가람의 팬이야. 우연히 연기하는 거 보고 반해서 완전히 팬 됐다는 거 아니냐. 어린 나이에 저 정도로 깊이 있는 연기를 하는 아역 배우는 없거든. 대한민국 최고의 연기 신동이야!"

동녘이는 저도 모르게 한숨이 나왔다.

"어휴, 연기 신동이면 뭐해요. 이제 인기도 많이 떨어지고 학교에서는 왕따 신세인데……."

변삼촌의 눈이 휘둥그레졌다.

"왕따라니? 진가람이 학교에서 왕따야?"

동녘이는 낮에 보았던 일이 떠올라 마음이 무거워졌다. 자신을 쳐다보던 차가우면서도 슬픈 가람이의 눈길이 머릿속에 맴돌았다.

어두워진 동녘이의 표정을 본 변삼촌이 텔레비전을 껐다.

"얘기해 봐. 진가람한테 무슨 일이 있는지."

동녘이는 한참을 주저하다가 가람이의 사정을 털어놨다. 얘기를 마친 동녘이는 다시 어렵게 말을 이었다.

"난 비겁해요. 힘든 거 보면서도 도와주지 못했어요."

"그 상황에서 나서기는 쉽지 않지."

변삼촌은 동녘이의 어깨를 두드려 줬다.

"그리고 이렇게라도 알았으니 정말 다행이야."

동녘이는 변삼촌을 바라봤다. 어쩐지 변삼촌이 해답을 들려줄 것 같은 막연한 기대감이 들었다.

"동녘아, 왕따는 학교폭력이야."

폭력이란 말에 동녘이가 깜짝 놀라 손사래를 쳤다.

 "성태가 가람이를 괴롭히긴 했지만 때리진 않았는데요?"

 "때리지 않았다고 폭력이 아닌 건 아니야. 왕따는 엄연한 폭력이고 금지된 행위야."

 동녘이는 당황스러웠다. 왕따가 분명 나쁜 짓이라고는 생각했지만 폭력이나 범죄 행위일 거라고는 생각도 못 했다.

 변삼촌의 목소리는 무척 심각했다.

 "'학교폭력예방 및 대책에 관한 법률'을 보면 학교폭력에는 학생을 대상으로 몸에 상해를 입히는 폭행은 물론 따돌림, 사이버 폭력 등의 방법으로 신체나 정신에 피해를 주는 행위가 모두 포함된다고 분명하게 나와 있어. 또 겉으로 보이는 피해가 크지 않더라도 피해자가 괴로움을 느낀다면 폭력으로 인정하고 있지."

"그럼 왕따를 시킨 아이들은 어떻게 되나요?"

"왕따를 당한 친구에게 사과하고 학교에서 봉사를 하거나 심리 치료를 받기도 하고, 다른 학교로 가야 할 수도 있어. 경우에 따라서 법원의 판단을 받아야 할 수도 있지."

동녘이는 마음이 더 무거워졌다.

"그럼 이제 어떻게 하죠?"

"먼저 이 사실을 있는 그대로 담임 선생님한테 알리는 게 좋을 것 같아. 그럼 선생님이 가람이 부모님을 만나 상의할 거야."

"그러려면 누군가 나서야겠네요."

"그렇지. 상황을 잘 알고 있는 누군가의 용기가 필요할 거야."

동녘이는 더 이상 대답을 하지 못했다.

다음 날, 동녘이는 방과 후에 3모둠 아이들과 분식점에 모였다. 주문한 음식을 기다리는 사이 동녘이는 변삼촌과 나눴던 이야기를 털어놨다. 이야기를 듣고 난 아이들은 한동안 말이 없었다. 그 사이 주인 아주머니가 갖다 준 떡볶이와 어묵이 식어 갔다. 먹는 거라면 제일 먼저 달려들던 대현이도 젓가락을 들지 않았.

한참 만에 우열이가 입을 열었다.

"왕따가 나쁜 짓인 줄은 알았지만 범죄 행위로 처벌을 받을 수도 있는 줄은 몰랐어."

"이럴 줄 알았으면 진작 말리는 건데……."

대현이의 표정에 후회가 가득했다.

고개를 숙여 땅바닥을 바라보는 수진이 목소리에는 울음이 섞여 있었다.

"왕따를 시킨 성태도 나쁘지만 뒤탈이 두려워서 모른 체한 우리 잘못도 커."

그 말에 모두 입을 다물었다. 동녘이는 아이들을 향해 어젯밤 내내 생각한 것을 말했다.

"그래, 이대로 보고 있을 순 없어. 우리가 가람이를 도와주자."

"어떻게?"

아이들은 탁자 위의 떡볶이 그릇을 옆으로 밀어 놓고 한가운데로 머리를 맞댔다.

일주일 뒤, 방과 후 교실 청소는 여전히 6모둠이 하고 있었다. 아니, 가람이 혼자 하고 있었다. 성태 무리는 가람이 뒤를 졸졸 따라다니며 축축한 흙을 뿌리고 있었다.

"야, 청소를 하는 거야, 마는 거야? 교실이 쓰레기장 같잖아!"

가람이의 얼굴은 거의 울 것 같았다. 단 한마디 대꾸할 엄두도 내지 못한 채 흙을 치우고 있었다.

그때 어디선가 사진 찍는 소리가 들렸다. 마치 불꽃놀이의 폭죽이 터지는 소리처럼 연달아 들렸다. 깜짝 놀란 성태와 진규, 해철이가 소리가 난 방향으로 고개를 돌렸다. 교실 뒷문에는 반 아이들이 모여 일제히 휴대 전화를 들이대고 성태 무리의 사진이나 동영상을 찍고 있었다.

일주일 전, 분식점에 모였던 3모둠은 가람이의 왕따 문제를 반 아이들끼리 해결해 보자는 데 의견을 모았다. 그리고 성태 무리와 가람이를 뺀 나머지 반 아이들에게 메일을 보냈다. 다행히 다른 아이들도 가람이 문제를 그냥 넘길 수 없다고 생각했고 모두 적극적으로 나서 주었다. 아이들은 여러 방법을 고민한 끝에 왕따 현장을 함께 보고 증인이 되어 주기로 했다. 아무리 난폭한 성태라도 많은 아이가 막아서면 꼬리를 내릴 거라고 생각했다.

거의 스무 명이나 되는 아이들이 그 상황을 촬영하자 성태는 성난 사자처럼 달려들었다.

"야, 너희 지금 뭐 하는 거야! 당장 그만둬."

동녘이는 떨리는 가슴을 간신히 진정시키며 침착하게 말했다.

"뭐 하긴 뭐 해? 안성태, 이진규, 박해철이 진가람을 왕따시키며 괴롭히는 현장을 찍고 있지."

"뭐, 뭐얏?"

성태는 동녘이에게 달려들어 휴대 전화를 빼앗으려고 했다. 옆에 있던 수진이가 성태를 막았다. 수진이는 휴대 전화를 들고 다시 그 광경을 찍으며 말했다.

"더 해 봐. 동영상으로 찍어줄 테니까."

다른 아이들도 휴대 전화를 높이 들어올렸다. 성태는 눈을 부릅뜨며 아이들의 휴대 전화를 빼앗으려고 몸부림쳤다.

그걸 본 가람이가 덜덜 떨며 말했다.

"하, 하지마. 그러면 내가 더 힘들어."

대현이가 가람이에게 다가갔다.

"가람아, 걱정 마. 이제 모른 체하지 않을 거니까."

그 말에 성태가 코웃음을 쳤다.

"모른 척 안 하면 어쩔 건데? 너희가 이렇게 나오면 내가 겁낼 것 같아?"

동녘이는 성태가 이런 반응을 보일 거라고 예상했기에 차분히 대응했다.

"우리는 겁나지 않아도 법은 겁나겠지?"

성태의 눈썹이 움찔했다.

"웃기네, 너희가 무슨 법을 안다고 그래?"

동녘이는 성태를 똑바로 바라보며 또박또박 말했다.

"네가 가람이를 왕따시키며 괴롭히는 건 학교폭력이기 때문에 법에 따라 제재를 받을 수도 있어."

"누가 그래? 누가 그런 말을 했냐? 그리고 네가 마음대로 지껄이는 것 아니야?"

성태는 큰 소리로 이죽거렸지만 목소리가 흔들리고 있었다.

동녘이는 보일 듯 말 듯한 미소를 지었다.

"그래? 한번 확인해 볼까?"

그리고 모두가 들을 수 있도록 동녘이는 휴대 전화 스피커를 켜고 어디론가 전화를 걸었다. 신호음이 몇 번 울린 뒤 굵은 남자 목소리가 들렸다.

"경찰서입니다."

모든 아이들의 눈과 귀가 스피커로 향했다.

"안녕하세요. 저는 초등학교 5학년 학생인데요. 저희 반 학생 세 명이 한 학생을 왕따시키고 있어요. 이런 경우 신고하면 어떻게 되나요?"

"경찰이 출동해서 정확한 상황을 알아보고 법에 어긋난다면 처벌해야죠. 왕따는 엄연한 학교폭력이고, 학교폭력은 어린이라 할지라도 법의 제재를 받을 수 있어요."

전화 내용을 들은 성태의 얼굴이 하얗게 질렸다.

휴대 전화에서는 계속 경찰의 목소리가 들렸다.

"학생, 거기가 어느 초등학교지요? 당장 출동할 테니 망설이지 말고 말해요. 왕따는 범죄예요, 범죄!"

동녘이는 대답 대신 휴대 전화의 스피커를 손으로 막고 성태를 바라봤다.

"어떻게 할까?"

"……."

그런데 갑자기 진규와 해철이가 울음을 터트렸다.

"자, 잘못했어. 다신 안 그럴 거야."

"절대 안 그럴 거야. 그러니까 제발 신고하지 마."

그러고는 성태를 붙잡고 부탁했다.

"성태야, 우리 이제 그만하자. 난 그만하고 싶어."

성태는 진규와 해철이가 그만하자며 매달리자 당황했다. 하지만 쉽게 물러서지 않았다. 오히려 반 아이들을 향해 눈을 부라리며 소리쳤다.

"너희, 치사하게 단체로 똘똘 뭉쳐서 친구를 협박하는 거냐?"

아이들도 물러날 생각이 전혀 없었다.

"그럼 친구를 괴롭히며 왕따시키는 너는 안 치사하고?"

성태는 자신을 바라보는 아이들의 차가운 시선에 더는 대꾸하지 못한 채 망설였다.

그 사이 휴대 전화 스피커에서는 계속 경찰의 재촉이 이어졌다.

"학생, 친구를 위한다면 어서 얘기해요. 왕따는 절대 모른 척할 일이 아니……."

그때 성태가 고개를 떨구었다.

"아, 알았어. 다신 안 그럴게."

동녘이는 그 말을 듣고 수화기에 대고 말했다.

"경찰관님, 죄송해요. 다행히 사건이 해결된 것 같아요. 다음에 같은 일이 생기면 꼭 신고하겠습니다."

동녘이가 통화 종료 버튼을 누르자 아이들은 들고 있던 휴대 전화를 내렸다.

가람이가 다가와 아이들을 바라봤다.

아이들도 가람이를 바라봤다.

"……."

가람이의 고마워하는 눈빛과 아이들의 미안한 눈빛이 서로의 마음에 닿는 게 느껴졌다. 성태, 진규, 해철이는 가람이의 눈빛을 외면했다.

아이들은 이것으로 왕따 사건이 완전히 해결되었다고 생각하지는 않았다. 성태 무리가 진심으로 반성할 것인지도 확실하지 않았다. 어쩌면 가람이는 이 일로 한동안 더 힘들지 모르겠다는 걱정도 들었다. 그러나 모처럼 고개를 들고 희미하게라도 웃는 가람이의 모습은 합동 작전을 벌인 아이들을 안심하게 했다. 적어도 성태 무리에게 가람이를 더는 함부로 대하면 안 된다는 것을 알게 한 것만으로도 다행이라고 생각했다.

동녘이는 교실을 나와 담임 선생님에게 전화를 걸었다.

"선생님, 잘 해결됐어요."

"그래, 너희가 정말 애썼다. 선생님도 앞으로 같은 일이 생기지 않도록 관심을 가지고 지켜볼게. 가람이 부모님도 그러신다고 했어. 너희도 가람이를 항상 살펴보면 좋겠다."

담임 선생님과 전화를 끊고 난 동녘이는 길게 숨을 내쉬었다. 그동안 찜찜했던 기분이 한꺼번에 씻겨 내려가는 기분이었다.

 쉬운 법 이야기 ④ 학교폭력예방법

폭력은 또 다른 폭력을 낳을 수 있어요

학교폭력예방 및 대책에 관한 법률(약칭:학교폭력예방법)이란?

'학교폭력예방법'이란 심각한 사회 문제인 학교폭력 문제를 예방하고 대처하기 위한 법이에요. 피해학생을 보호하고 가해학생을 선도·교육하며, 해당 학생 사이에 벌어진 분쟁을 조정해 학생의 인권을 보호하고 건전한 사회 구성원으로 자라나게 하기 위해 만들어진 법이지요.

예전에는 학교에서 일어나는 폭력이나 따돌림은 자라나는 학생들 사이에 있을 수 있는 일이라고 생각하기도 했어요. 그래서 심각한 문제로 여기지 않아 피해학생이 법의 보호를 받기 어려웠지요. 하지만 지금은 학생 때의 폭력을 심각한 사회 문제로 보고 있어요. 어른이 되어서 더 심각한 폭력과 범죄로 이어질 수 있기 때문에 가해자 또는 피해자가 되지 않도록 서로 주의해야 한답니다.

학교폭력이란?

학교폭력이란 학교 안이나 밖에서 학생을 대상으로 발생한 폭력을 가리키는데 폭행, 감금, 협박, 모욕, 강요, 강제적인 심부름 및 성폭력, 따돌림 등의 행위를 말해요.

특히 '따돌림'이란 2명 이상의 학생들이 특정 학생을 대상으로 계속해서 반복적으로 몸과 마음을 공격해 상대방이 고통을 느끼도록 하는 것을 말해요. 또 인터넷이나 휴대 전화를 이용해 이와 같은 행위를 하거나 개인 정보 또는 허위 사실을 퍼뜨려 상대방의 고통을 느끼도록 하는 행위는 '사이버 따돌림'이라고 하지요.

학교폭력을 행사한 가해학생은 어떻게 되나요?

학교폭력을 한 사실이 확인되면 가해학생과 피해학생을 모두 조사하지요. 그런 뒤 사과, 보복 금지, 학교 봉사, 사회봉사를 통해 자신의 행위를 돌아보게 해요. 또 전문가에게 교육을 받게 해 심리 치료를 하기도 한답니다. 이외에도 필요에 따라 출석 정지, 학급 교체, 전학 같은 조치를 해서 같은 일이 반복되지 않게 하지요.

가해학생이 법원에서 재판을 받게 될 수도 있나요?

만 10세 이상의 학생이 학교폭력 가해자일 때에는 경우에 따라서 가정법원 소년부 또는 지방법원 소년부에서 소년 보호 사건으로 조사를 받게 될 수도 있어요. 14세 이상의 학생의 경우 학교폭력 행위가 형사 범죄에도 해당한다면 형사 사건으로 재판을 받기도 하지요.

또한 학교폭력으로 피해학생이 입은 경제적·정신적 손해의 배상 책임을 다루는 민사 소송이 진행될 수도 있어요.

만약 학교폭력을 당했다면 어떻게 해야 할까요?

나는 불쾌하고 힘든데 상대방은 그것을 미처 인식하지 못한 채 장난으로 행동하는 경우가 있어요. 친구의 행동이 불쾌할 경우 친구에게 그런 행동을 멈추어 달라고 분명하게 이야기해야 해요. 그런데 나에게 그런 행동을 하는 친구나 선배들이 무서워서 직접 말할 수 없다면 부모님이나 선생님께 반드시 이야기해야 해요. 혼자 고민하고 두려워하면서 시간을 보내게 되면 점점 더 시달리게 될 수도 있어요.

학교폭력예방법에 따르면 학교폭력을 당하거나 학교폭력 현장을 본 사람은 신고할 의무가 있다고 규정하고 있어요. 학교폭력 사실을 신고 받은 학교는 가해학생과 피해학생의 보호자, 교장 선생님에게 통보해야 해요. 특히 교장 선생님은 학교폭력대책자치위원회에 알려야 하지요. 이 자치위원회에서 학교폭력 분쟁을 조정해 주기도 해요. 그리고 학교에서 상담 선생님의 상담을 받을 수도 있어요.

생각하기 & 토론하기

❶ 친구와 놀다가 장난으로 서로를 놀렸는데 상대방이 화를 냈습니다. 어디까지가 장난이고 어떤 경우에 학교폭력이 되는 걸까요? 나에게도 이런 경우가 있었는지 살펴보고 도움글을 참조해서 생각해 보세요.

❷ 혹시 내 주위에 가람이 같은 친구가 있나요? 그렇다면 어떤 방법으로 그 친구를 도울 수 있을까요?

❸ 폭력은 왜 나쁜 걸까요?

베끼면 왜 안 돼?

"우열아, 저녁 먹자."

저녁을 먹으라는 엄마의 말에 우열이는 소스라치게 놀라서 일어났다.

"언제 이렇게 시간이 됐지?"

일요일이라고 늦잠 자고 일어나서 게임 좀 하다 보니 어느새 저녁이 되어 있었다. 우열이는 그제야 깜빡 잊고 있던 미술 숙제가 생각났다.

"과학의 달을 맞이하여 '미래 시대'를 소재로 한 그림을 그려 오세요."

미술 숙제는 이미 보름 전에 내준 것이었다. 그러나 내일, 내일

하며 미루던 게 코앞에 닥쳐 버렸다.

우열이는 걱정스러운 마음에 동녘이에게 전화를 걸었다.

"미술 숙제 했냐?"

"어."

"언제?"

"어제."

"……."

"너 또 미루다가 안 했냐?"

"어떻게 알았어?"

"네가 미루기 대장인 거 모르는 사람 있냐? 네가 제때에 하는 건 컴퓨터 게임밖에 없잖아."

"야, 난 지금 속이 타 죽겠는데 그렇게 말하면 좋냐?"

"헤헤, 약 올라야 얼른 그리지. 넌 그림 실력이 좋아서 금방 그릴 거야."

우열이는 동녘이의 말이 전혀 위로가 되지 않았다.

이번에는 대현이에게 전화를 걸었다.

"그림 다 그렸냐?"

"바탕색만 조금 더 칠하면 끝나."

"그래. 수진이도 다 그렸을까?"

"당연하지. 수진이는 숙제 내준 그날 바로 그렸다더라."

"좋겠다."

"목소리가 왜 그렇게 풀이 죽었어. 아직 안 했어?"

"어, 시작도 안 했어. 방금 전에 숙제 생각이 났어."

"어쩌냐. 얼른 그려. 힘내!"

우열이는 괜히 전화를 걸었나 후회됐다. 자기처럼 아직 숙제를 안 한 친구가 있으면 위로가 되겠다 싶었는데 숙제를 안 한 사람은 자신밖에 없었다.

"하기는 보름 전에 내준 숙제를 여태 안 할 리가 없겠지."

우열이는 저녁밥을 먹는 둥 마는 둥 하고 방으로 들어갔다. 스케치북을 펼쳐 놓고 연필을 들었지만 머릿속이 텅 빈 것 같았다. 도대체 뭘 그려야 할지 알 수가 없었다. 풍경화나 정물화 같으면 대상을 보고 그리면 되니 그다지 어렵지 않다. 하지만 미래 도시라는 특정 소재를 두고 상상해서 그려야 하니 눈앞이 캄캄했다.

"이럴 줄 알았으면 게임을 할 시간에 책이나 영화 보면서 아이디어를 좀 얻어 두는 거였는데."

후회가 밀려왔다. 하지만 현실은 후회할 시간도 없었다. 망설이는 사이 시간이 획획 지나갔다. 한참을 이도 저도 못 하고 발만 동동 구르던 우열이가 외쳤다.

"아하, 그 방법이 있었지!"

우열이는 컴퓨터를 켜고 인터넷에 접속해서 '미래 도시'라는 단어를 검색했다. 그러자 미래 도시에 관련된 그림이 우르르 떠올랐다.

"그래, 바로 이거거든!"

우열이는 검색된 그림을 하나하나 클릭해서 보면서 숙제로 그리기에 적당한 그림을 선택했다. 땅 위에는 풀밭으로 뒤덮인 공원에서 사람들이 평화롭게 다니고, 모든 건물은 공중에 떠 있고, 그 사이로 도로가 가로세로로 설치되어 각종 교통수단이 다니는 그림이었다.

우열이는 이 그림을 본떠 그리기 시작했다. 대신 똑같아 보이지

않게 풀밭에 꽃과 나무를 더 많이 그리고, 공원을 거니는 사람들 대신 아이들이 뛰어노는 장면을 그렸다. 또 공중에 떠 있는 건물은 좀 더 단순하게 그리고 교통수단은 자가용으로 통일했다. 그렇게 스케치를 마치고 비교해 보니 두 그림은 닮은 듯하면서도 닮지 않아 보였다.

"이제 색깔만 다르게 칠하면 전혀 다른 그림으로 보일 거야."

큰일을 해결했다는 생각에 마음이 편안해진 우열이는 스케치에 색을 칠했다. 다 끝내고 나니 밤 열두 시가 가까웠다. 우열이는 아주 만족하며 잠이 들었다.

"미술 숙제 해 왔어?"

우열이가 학교에 도착하자마자 대현이가 걱정스레 물었다.

우열이는 으스대며 대답했다.

"물론이지!"

책가방을 내려놓던 동녘이가 피식 웃었다.

"하여간 미루기 대장에 벼락치기 대장이라니까!"

잠시 후 수업 시작종이 울리고 선생님이 들어왔다.

"오늘은 '미래 도시'를 소재로 각자 그려 온 그림을 함께 보면서 우리가 앞으로 살게 될 미래 도시에 대해 이야기를 해 보자."

아이들은 한 명씩 그림을 가지고 나와 왜 이런 그림을 그리게 됐는지 설명했다.

수진이는 미래 사람들이 바닷속에서 사는 모습을 그렸다. 미래에는 땅 위 공간이 부족할 테니 바다에서도 살게 될 거라는 게 수진이 생각이었다. 동녘이는 우주의 이름 모를 행성에 살고 있을 거라는 내용으로 그렸다. 지구는 환경이 파괴되어 더 이상 살지 못하고 새로운 행성을 개척해 살 수도 있다는 생각이라고 했다. 대현이는 그림으로만 보면 도시가 아닌 농촌을 그렸다. 미래 도시라고 하면 고층 빌딩 같은 발달된 모습을 떠올리겠지만, 사람들은 오히려 과거의 모습으로 돌아가고 싶을 거란 생각이 들었다고 했다. 모두 깊이 생각하고 많이 고민한 그림들이었다.

그러나 우열이에게는 친구들의 그림 소개가 들리지 않았다. 별생각 없이 남의 그림을 보고 그렸기 때문에 왜 이런 그림을 그렸는지 그럴듯한 이유를 만들어 내느라 머릿속이 복잡했다. 그러는 사이 우열이 차례가 되었다. 우열이가 그림을 들고 교탁으로 나가서 아이들을 향해 펼쳐 보이자 여기저기에서 감탄사가 터져 나왔다.

"우아, 잘 그렸다!"

"화가가 그린 것 같아!"

선생님도 꽤 놀란 표정으로 그림을 봤다.

"우열이가 그림을 잘 그리는 줄은 알았지만 오늘 그림은 정말 굉장한걸? 그래, 어떤 생각으로 그린 그림이지?"

친구들과 선생님의 반응에 기분이 좋아진 우열이는 방금 전에 생각해 낸 것들을 이야기했다.

"제가 미래에 살고 싶은 도시를 그려봤어요. 건물이나 차들이 하늘로 올라가면 땅 위에서 마음껏 자연을 즐기며 뛰어놀 수 있을 것 같아서요. 미래에는 여러 가지 기술이 많이 발달할 테니까 가능하지 않을까요?"

우열이의 설명이 끝나자 다시 아이들의 감탄사가 터져 나왔다.

"진짜 그렇게 되면 좋겠다! 미래에는 분명히 하늘도 땅처럼 사용할 수 있을 거야!"

선생님은 뒤로 멀찍이 떨어져서 그림을 이리저리 보았다.

"음, 구도가 아주 좋아. 아이디어도 훌륭하고. 미래 도시라는 주제에 아주 잘 맞는 그림이야."

그러고는 우열이에게 고개를 돌렸다.

"마침 어린이 과학 미술 공모전이 있는데 한번 출품해 보자. 당선 가능성이 충분해 보여."

"정말요?"

그러나 곧 걱정 한줄기가 머릿속을 지나갔다.

'인터넷에서 베낀 그림인데 괜찮을까? 아니지, 베낀 게 아니라 약간 참고만 한 거지 뭐. 내가 배경도 더 그려 넣고 색깔도 바꿨잖아. 그러니까 이건 내 그림이야. 그리고 내가 그 그림을 참고한 걸 누가 알아보진 않겠지.'

그렇게 생각하고 나니 우열이는 찜찜했던 마음이 홀가분해졌다. 부러워하는 아이들을 보며 어깨를 으쓱하기까지 했다.

우열이가 어린이 과학 미술 공모전에 그림을 보내고 한 달쯤 지났을 때였다. 수상작 발표가 일주일 남은 시점이었다.

동생이 큰 목소리로 우열이를 불렀다.

"오빠, 과학 재단이래."

우열이는 괜스레 기대하는 마음이 생겨 가슴이 콩닥콩닥 뛰었다. 가까스로 가슴을 진정시키며 전화를 받았다.

"여보세요. 제가 장우열인데요."

그런데 전화를 건 사람은 바로 용건을 말하지 않고 뜸을 들였다.

우열이는 속으로 외쳤다.

'대상이라고 해도 안 놀랄게요. 얼른 말하세요!'

그러나 수화기로 들려오는 말은 전혀 예상치 못한 것이었다.

"장우열 학생, 한 가지 확인할 게 있어요. 성훈 화가의 〈우리가 함께 살고 싶은 미래〉라는 작품에 대해 알고 있나요?"

"모르겠는데요."

"전혀 기억이 안 나요?"

"네."

"음, 그렇다면 혹시 우열 학생이 출품한 그림이 남의 것을 베끼진 않았나요?"

순간, 우열이는 말문이 막혔다.

"……."

머릿속을 스쳤던 잠깐의 걱정이 현실로 일어나고 있었다.

우열이의 그림은 본선까지 올라가 유력한 대상 후보로 이야기되었다고 한다. 그런데 심사를 맡은 한 화가가 우열이가 그림을 보고 자기가 그린 그림과 소재나 구도가 너무 비슷하다는 의견을 냈다고 했다. 그래서 그림을 대조해 보니 몇몇 부분을 추가했을 뿐 기본 내용은 같다는 데에 다른 심사 위원들도 동의했기에 우열이의 해명을 듣고 싶다고 했다.

"학생, 듣고 있나요? 부모님께 말씀드려서 연락 줘요. 저작권법 위반에 관해 의논해야 한다고요."

우열이는 너무 당황해서 말이 단 한마디도 나오지 않았다. 저작권법을 위반했다니 이런 날벼락이 없었다. 우열이는 얼이 빠진 표정으로 수화기를 내려놓았다.

"오빠, 무슨 일이야?"

"이, 이따 얘기해 줄게. 나 잠깐 다녀올 데가 있어."

우열이는 무작정 집을 나서서 달렸다. 지금 생각나는 사람은 단 한 사람, 변삼촌이었다. 하지만 변호사 사무실에 도착했을 때 변삼촌은 없었다.

"어쩌나? 법원에 재판 가셨는데."

"기다릴게요. 오늘 꼭 만나야 하거든요."

우열이는 회의실에 앉아 초조한 마음으로 변삼촌을 기다렸다. 그 시간이 정말 길게 느껴졌다.

한 시간쯤 지났을 때 변삼촌이 돌아왔다.

"우열이가 기다리고 있었구나. 어쩐지 빨리 오고 싶더라."

우열이는 변삼촌을 보자마자 울먹였다.

"변삼촌, 제가 법을 위반했대요."

"그게 무슨 말이야? 그만 울고 차근차근 얘기해 봐."

우열이는 미술 숙제를 한 과정부터 과학 재단과의 통화까지 모든 걸 털어놓았다. 변삼촌은 이야기를 들으며 중간중간 메모를 했다.

"그러니까 네가 인터넷에 있는 그림을 보고 베껴 그린 건 확실하구나?"

그 말에 우열이가 발끈했다.

"그냥 참고만 한 거예요. 그 그림과 똑같지 않다고요."

우열이는 참고한 화가의 그림과 자기가 그린 그림을 찍은 사진을 보여 줬다. 변삼촌은 한참 두 그림을 비교해 봤다.

"우열아, 나는 그림에 대해서 잘 알지 못해. 하지만 이 두 그림은 거의 같아 보여."

"아니에요. 화가의 그림에는 어른이 그려져 있지만 제 그림에는 아이들이 있다고요. 또 하늘을 날아다니는 자동차 모양도, 색깔도

조금씩 달라요."

"그래, 부분마다 다른 점들이 보이기는 하지. 그러나 기본적으로 네 그림은 누가 봐도 화가의 그림과 아주 비슷해."

"아니라니까요. 변삼촌이 제 얘기를 듣고 봐서 그런 거예요."

"그럼 다른 사람에게 물어볼까?"

변삼촌이 서류를 정리하고 있는 사무원 누나를 불렀다.

"지연씨, 여기 그림 좀 봐 줄래요?"

그러고는 두 장의 그림을 보여 줬다.

"어때요?"

사무원 누나는 그림을 보자마자 화가의 그림을 짚으며 말했다.

"이 그림을 표절한 것 같네요. 아주 약간씩 고쳐 그리긴 했지만 베껴 그린 게 틀림없어요."

혹시나 했던 우열이의 얼굴이 순식간에 어두워졌다.

"우열아, 모든 창작물에는 저작권이라는 게 있어. 알고 있니?"

우열이는 대답 대신 고개를 가로저었다.

변삼촌은 의자를 우열이 옆으로 바싹 당겨 앉으며 설명을 시작했다.

"그림, 글, 음악, 영화, 게임, 컴퓨터 프로그램 등 생각이나 감정을 담아 결과물을 만들어 낸 창작자들에게는 자신이 창작한 저작물에 대한 권리가 있어. 오직 저작물을 만든 당사자만이 그 작품을 발표하고 이름을 표시하는 등의 권리가 있는 거지. 이 말은 당사자가 아닌 다른 사람은 창작자의 동의 없이는 그 창작물을 마음대로 사용할 수 없다는 뜻이고, 그렇게 하지 못하도록 저작자의 권리를 보호해 주는 게 바로 저작권법이야."

"창작물을 맘대로 사용한다는 게 어떤 건데요?"

"숙제를 하기 위해 인터넷에 올려진 남의 자료를 베끼거나, 노래나 영화를 인터넷에서 사용료를 지불하지 않고 불법으로 내려받아 친구들과 공유한다든가, 다른 사람이 쓴 블로그의 글이나 사진, 그림 등을 마음대로 내 블로그에 옮겨 놓는 등이 저작권을 침해하는 행위이지."

변삼촌의 말을 들을수록 우열이는 몸이 점점 움츠러들었다. 평소에 자신이 아무렇지 않게 하던 일이 모두 저작권을 침해하는 행위였다.

"그럼 남의 그림을 베끼는 것도……."

"물론이야. 다른 사람이 쓴 글이나 그림 등을 베끼거나 비슷하게 본떠서 마치 내가 한 것처럼 발표하는 것도 엄연히 저작권을 침해하는 행위이고 이런 걸 '표절'이라고 하지."

"전 누굴 속이거나 상을 탈 욕심보다는 그냥 숙제가 급해서 그런 거였는데……."

"알아. 네가 이 그림으로 무언가를 얻으려고 한 게 아니라는걸. 하지만 넌 이 그림으로 선생님께 인정을 받아 공모전에 출품했고, 수상 후보에 올랐잖아."

"……."

우열이는 화가의 입장이 되어 생각해 보았다. 남과 다른 그림을 그리기 위해 오랫동안 자료를 조사하고 깊이 생각해서 어렵게 내놓은 작품인데, 알지도 못하는 누군가가 베껴서 공모전에 낸 걸 보면 말할 수 없이 화가 나고 기분이 나쁠 것 같았다. 자기의 생각을 도둑맞은 기분도 들 것 같았다. 창작물을 아무나 표절한다면 그렇게 고통스러운 과정을 거쳐 작품을 발표할 이유가 없을 테니 말이다.

한참 생각에 잠겨 있던 우열이가 고개를 들었다.

"제가 큰 잘못을 한 것 같아요. 화가가 어렵게 탄생시킨 작품에 대한 기본 예의가 없었어요."

변삼촌이 빙그레 미소를 지었다.

우열이는 주먹을 쥐고 다짐하듯 말했다.

"얼른 부모님한테 말씀드리고 화가를 찾아가 정식으로 사과해야겠어요."

쉬운 법 이야기 ⑤ 저작권법

남의 것을 베끼는 일은 몰래 훔치는 일이에요

저작권법이란?

'저작권법'이란 글, 그림, 노래, 건축, 영상, 컴퓨터 프로그램 등의 학문과 예술 분야의 저작물을 창작한 저작자의 권리를 보호하는 법이에요. 이 법은 저작물이 공정하게 쓰일 수 있도록 하는 장치를 마련하기 위해 만들었어요. 그리고 이 법이 잘 지켜지면 문화를 더 발전시킬 수 있을 거예요.

저작재산권과 저작인격권이 있어요

저작물은 인간의 사상 또는 감정을 표현한 독창적인 창작물이에요. 그리고 우리가 듣고 보는 음악, 동영상, 그림, 웹툰 등은 누군가가 시간과 노력을 들여 창작한 저작물이지요. 책에 나오는 시와 소설, 인터넷에 올려져 있는 사진, 시험 공부를 위해 듣는 인터넷 강의, 방학 때 본 뮤지컬, 연극, 방송을 통해 듣는 노래 등도 분명히 만든 사람이 있어요. 이 사람들을 일컬어 저작자라고 해요.

저작자의 권리에는 '저작재산권'과 '저작인격권'이 있어요. 저작자의 동의 없이 그 창작물을 그대로 복제하거나 배포하는 것은 저작권 중 저작재산권을 침해하는 것이 되지요. 만약 저작자의 동의를 받아 저작물을 이용하더라도 반드시 지켜야 할 사항이 있어요. 그 저작물을 이용한 곳은 저작자가 누구인지 반드시 표시해야 하고 저작물을 함부로 변경하면 안 되지요. 이를 어길 경우에는 저작권 중 저작인격권을 침해하는 것이 된답니다.

저작물을 이용할 방법은 없나요?

저작자에게 피해를 주지 않고 이용 방법을 지켜서 저작물을 공정하게 이용한다면 저작권법을 위반하는 게 아니에요. 예를 들면 학문을 연구하기 위해 저작물을 이용한다면 원저작자가 누구인지 정확히 표시면 되지요. 그리고 원저작자의 동의를 얻어서 저작물의 일부를 적절하고 정확하게 인용하면 된답니다.

저작권은 언제까지 보호받나요?

저작권은 영원한 권리가 아니에요. 저작자는 저작권을 살아 있는 동안, 그리고 사후 70년까지 보호 받을 수 있어요. 이 기간이 지나면 그 저작물은 누구나 사용할 수 있지요. 수백 년 전에 만들어진 그림이나 음악을 자유롭게 사용할 수 있는 것은 바로 이런 제도 때문이에요.

우리가 마음과 생각을 표현해 창작물을 만들어 낼 수 있는 것은 다른 사람과 더불어 사회 속에 살고 있기 때문에 가능한 거예요. 따라서 많은 시간이 흐른 후에는 그 창작물은 사회 구성원 모두의 품으로 돌아가게 되는 것이지요.

저작물이 아니더라도 남의 것을 함부로 사용하는 것이 금지되는 경우가 있어요.

저작권법을 위반하는 경우는 아니지만 저작물을 이용하는 데 제한이 있는 경우가 있어요. 저작물은 누군가가 노력해서 만들어 놓은 성과예요. 그렇기에 남의 저작물을 자신의 이익을 위해 이용하면서 다른 사람의 이익을 침해했다면 부정경쟁방지 및 영업비밀보호에 관한 법률 위반 행위가 된답니다.

생각하기 & 토론하기

❶ 우열이처럼 학교에 낸 숙제 중에서 인터넷 자료나 기성 작가의 작품을 모방한 경우가 있었나요? 그렇게 숙제를 제출하고 난 뒤 기분이 어땠나요?

❷ 저작권법을 위반한 것인지 구별하기 어렵다면 입장을 바꾸어 생각해 보면 좀 더 쉽게 판단할 수 있어요. 즉, 내가 만약 저작자라면 다른 사람이 나의 저작물을 동의 없이 이용했을 때 문제를 삼을 것인지 경우에 따라 생각해 보세요.

❸ 인터넷에 있는 재미있는 글의 링크를 자신의 SNS에 올렸습니다. 링크를 누르면 글의 원본이 있는 곳으로 바로 연결되지요. 이렇게 링크를 올린 경우에는 저작권법을 위반한 것인지 아닌지 생각해 보세요. 그리고 나와 주변에 그런 사례가 있는지 찾아보세요.

그깟 길냥이라고?

수진이는 눈을 뜨자마자 컴퓨터를 켜고 어제저녁에 인터넷 카페에 올린 글부터 확인했다.

안녕하세요, 저는 호호맘이라고 해요. 제가 지난 봄부터 밥을 챙겨 주던 길고양이 호호가 예쁜 새끼를 네 마리나 낳았어요. 네 마리 모두 예쁜 갈색 줄무늬가 있고 눈빛이 신비롭답니다. 제가 데려다 키우고 싶지만 식구들이 알러지가 심해서 이렇게 눈물을 머금고 녀석들을 키워 줄 분을 찾습니다. 이제 막 두 달이 된 새끼 고양이들의 가족이 되어 주세요.

다행히 밤사이 한 회원이 새끼 고양이를 분양받고 싶다는 댓글을 달아 주었다.

"좋았어!"

수진이는 오후에 연락하겠다고 답글을 달았다. 그리고 부엌으로 가서 그릇에 깨끗한 물을 담고 사료를 덜어 현관을 나섰다. 지금쯤이면 호호네 다섯 식구가 빌라 뒤편 구석에서 수진이를 기다리고 있을 것이다.

호호를 처음 만난 건 8개월 전, 꽃샘추위가 기승을 부리던 봄날이었다. 심부름을 하러 나온 수진이는 어디선가 들려오는 신음소리에 귀를 기울였다. 끊어질 듯 가늘게 이어지는 소리를 따라가 보니 화단 구석에 갈색 줄무늬 길고양이가 웅크리고 있었다. 어디에서 다쳤는지 온몸에 상처가 가득하고 털이 숭숭 빠져 있었다. 그런데다 얼마나 굶었는지 갈비뼈가 앙상하게 드러나 있었다. 자세히 살펴보려고 다가가자 고양이는 카르릉거리며 털을 바싹 세우고 경계했다. 수진이는 다가가던 것을 바로 멈추고 뒤로 물러섰다. 그걸 본 고양이가 다시 몸을 웅크렸지만 경계하는 눈빛은 여전했다.

결국 수진이는 먼 발치에서 한참을 바라보다가 집으로 돌아와야 했다. 하지만 다친 고양이가 계속 눈에 아른거렸다. 움직이는 것도 불편한데 먹이를 못 구해서 굶어 죽는 게 아닌가 걱정돼 견딜 수가 없었다.

수진이는 애니메이션 DVD를 사려고 모아둔 용돈을 들고 근처 동물 병원으로 달려가 고양이 사료를 사 왔다. 그리고 수의사 선생님의 당부대로 깨끗한 물과 함께 사료를 담은 그릇을 고양이가 있는 화단 앞에 놓아두고 자리를 피했다. 한동안 움직이지 않던 고양이는 주위에 아무도 없는 걸 확인하고는 살그머니 화단 앞으로 나와 사료와 물을 허겁지겁 먹었다.

"딱해라. 얼마나 배고팠으면……."

그날 이후 수진이는 매일 아침저녁 같은 시간에 사료 그릇을 놓았다. 처음에 고양이는 수진이가 가고 난 뒤에 나와 몰래 사료를 먹었다. 그러나 보름쯤 지나고부터는 수진이가 사료 그릇을 놓으면 어디선가 슬그머니 나타나서 먹고, 한 달쯤 지나고 나서는 수진이만 보이면 냐옹거리며 나타났다. 그러더니 언제부턴가는 수진이가 쓰다듬어도 털을 곤추세우거나 눈빛을 번득이지도 않았다. 오히려 걀걀거리며 배를 뒤집어 보였다. 특히 콧등 위를 쓸어줄 때는 웃는 것 같은 표정을 지었다. 수진이는 고양이의 이름을 호호라고 지어 주었다.

호호는 어느새 앙상한 몸에 살이 붙고 상처도 아물어 건강해졌다. 그러더니 두 달 전에는 자기를 꼭 닮은 새끼를 네 마리나 낳았다. 수진이는 집에 데려가 키우고 싶은 마음이 굴뚝같았지만 고양이털 알러지가 심한 가족들 때문에 그럴 수도 없었다. 대신 '길냥이

'엄마들'이라는 고양이 카페에 글을 올려 새끼 고양이를 키워 줄 사람을 찾았는데 고맙게도 오늘 희망자가 나타난 것이다.

수진이는 여느 때보다 사료를 듬뿍 담아서 호호네 가족을 만나러 갔다. 그런데 어쩐 일인지 오늘은 한 녀석도 보이지 않았다. 다른 때 같으면 이미 화단 앞에 쪼르르 앉아서 눈이 빠지게 수진이를 기다리고 있을 텐데…….

"호호야, 아직 안 왔어? 어디 숨어 있니?"

수진이가 두리번거리며 고양이들을 찾는데 빈 참치 깡통과 바닥에 떨어져 있는 구토물이 보였다. 순간, 최근 동네에서 들려오는 무서운 소문이 생각나 기분이 섬뜩했다.

수진이는 급히 화단 안쪽을 헤집어 보았다.

"꺄아아악!"

호호와 네 마리의 새끼 고양이들은 입에 하얀 거품을 물고 쓰러져 있었다. 수진이가 몸을 흔들어 봤지만 꼼짝도 하지 않았다. 이미 온몸이 차갑고 뻣뻣하게 굳어 있었다.

수진이의 비명을 들은 엄마가 허겁지겁 달려 내려왔다.

"수진아, 무슨 일이야."

"호호가 새끼 고양이들이랑……."

수진이는 더 이상 말을 잇지 못하고 엄마에게 안겨 울음을 터트렸다. 그 사이 빌라 사람들이 모여들었다.

"쯧쯧, 누가 참치캔에 몹쓸 약을 타서 먹였구만."

"저쪽 길 건너 아파트 단지에서도 일주일 전에 이런 일이 있었다더니……."

수진이는 그 소문을 들었을 때 새끼 고양이들을 집으로 옮겨 놓을 걸 그랬다며 후회했지만 이미 소용없는 일이었다.

"파출소에 신고할래요. 꼭 범인을 잡고 말 거예요!"

그러나 빌라 주민들의 마음은 수진이와 정반대였다.

"까짓 길고양이 몇 마리 죽었는데 신고는 무슨. 그리고 감시 카메라도 안 달렸는데 무슨 수로 범인을 잡을 거야?"

"그러게, 왜 밥을 주고 그래. 그러니까 이런 일이 생기잖아."

"차라리 잘됐어. 길고양이들이 돌아다녀서 화단 망가지고 우는 소리 때문에 시끄러웠는데 이제 좀 조용해지겠네."

사실 그동안 빌라 주민들의 눈치를 보느라 수진이는 꽤나 마음고생을 했다. 호호한테 밥을 줄 때마다 나쁜 짓을 하는 사람처럼 주변을 두리번거리며 가슴을 졸였다. 또 누가 길고양이 얘기만 꺼내도 도둑이 제 발 저리는 것처럼 뜨끔했다. 그런 생각을 하니 가뜩이나 슬픈 마음이 더 서러웠다. 하지만 지금은 쌀쌀맞게 돌아서는 빌라 주민들의 뒷모습을 향해 고개를 숙이며 사과할 수밖에 없었다.

"죄, 죄송합니다."

수진이는 엄마와 의논 끝에 호호네 가족을 동물 병원에 맡겨 화장시키기로 했다. 고양이의 사체는 쓰레기봉투에 담아 버려도 되지만 차마 그럴 수가 없었다.
　상자에 담긴 호호네 가족의 모습을 보며 수진이는 마지막 인사를 했다.
　"다음 세상에선 꼭 행복하게 잘 살아야 해."
　그렇게 한바탕 소동을 겪은 수진이는 무거운 마음으로 학교로 향했다.
　수진이가 교실에 들어서자 아이들이 동시에 외쳤다.
　"야, 너 무슨 일 있냐?"

울어서 퉁퉁 부은 눈 때문이었다. 수진이는 가까스로 참았던 눈물이 다시 터져 나왔다.

"우리 호호가 누가 독약을 섞은 참치를 먹고……."

아이들은 수진이의 말을 더 듣지 않고도 어떤 일이 벌어졌는지 알 수 있었다. 동녘이도 오늘 아침 아파트에서 발생한 같은 사건에 대해 이야기하던 중이었다. 평소 수진이가 호호를 얼마나 아꼈는지 아는 아이들은 어떤 말을 해도 수진이를 위로할 수 없다는 걸 잘 알고 있었다.

동녘이는 평소 고양이를 좋아하지는 않았지만, 하얀 거품을 물고 아파트 현관에 쓰러져 있던 고양이들의 모습을 떠올리자 화가 치밀었다.

"길고양이를 싫어할 순 있어. 그래도 이건 아니잖아!"

좀처럼 화를 내는 법이 없는 대현이도 이 일 만큼은 분노를 조절하기 힘들었다.

"사람이 무슨 자격으로 동물을 맘대로 죽여? 사람이나 동물이

99

나 생명은 똑같이 귀한 거 아냐?"

반 아이 모두 분노를 참지 못했다.

"무슨 수를 써서라도 범인을 잡아서 벌을 줘야 해."

"맞아, 그렇게 생명을 함부로 여기는 사람은 법의 심판을 꼭 받아야 해."

그때 우열이가 고개를 갸웃했다.

"범인이 잡힌다고 벌을 받게 될까? 사람을 해친 게 아니잖아."

그 말에 모두 말을 멈추었다. 우열이 말이 냉정한 것 같지만 맞는 말 같기도 했다.

책상에 엎드려 울고 있던 수진이가 고개를 들었다.

"설마, 정말 그렇다면 법이 잘못된 거 아닐까? 그럴 순 없어. 흐흑……."

수진이의 울음 섞인 말에는 안타까움이 가득 묻어 있었다.

동녘이가 수진이의 말을 이었다.

"그래, 그럴 순 없어. 사람이나 동물이나 생명은 모두 소중한데 벌을 주지 않는 건 말이 안 돼."

수업이 끝나자마자 3모둠 아이들의 발걸음은 같은 곳으로 향했다. 바로 오봉석 변호사 사무실이었다.

"너희 또 무슨 일이 있구나. 특히 수진이가……."

수진이는 다시 눈물을 쏟으며 아침에 일어난 사건에 대해 이야기했다. 다 듣고 난 변삼촌은 깊은 한숨을 내쉬었다.

"사람들이 어쩜 그렇게 잔인하고 모질까······."

수진이와 동녘이의 이야기를 들으며 계속 울컥하던 대현이는 간절한 목소리로 물었다.

"변삼촌, 범인을 잡아 벌을 줄 방법이 있겠죠? 그렇죠?"

변삼촌은 아이들을 안심시켜 주기 위해 먼저 고개부터 끄덕여 주고 대답했다.

"우리나라는 동물의 생명을 보호하기 위해 '야생생물보호 및 관리에 관한 법률'이나 '동물보호법'을 시행하고 있어. 그리고 동물을 잔인하게 해치지 못하도록 동물 학대도 금지하고 있지. 특히 길고양이를 학대하는 사람에게는 동물보호법에 따라 징역 1년 이하, 또는 벌금 1천만 원 이하의 처벌을 내리고 있어."

대현이는 그제야 안심했다.

"휴우, 다행이다. 동물도 이 지구의 엄연한 주인인데 동물을 위한 법이 없을 리가 없지."

그러나 우열이는 고개를 갸웃거리며 미심쩍은 눈길로 변삼촌을 바라봤다.

"그런데 이상해요."

"뭐가?"

"저는 주변에서 길고양이나 유기견한테 몹쓸 짓을 하고도 벌 받는 걸 한 번도 본 적이 없거든요."

동녘이도 맞장구를 쳤다.

"맞아요. 신고해도 별다른 처벌도 안 받고 풀려나던데요."

그 말에 변삼촌의 표정이 착잡해졌다.

"그래, 그게 참 안타까운 부분이지. 법이 있긴 하지만 동물 학대에 대한 단속이나 처벌이 아직은 부족한 면이 많아. 실제 처벌이 이루어진 경우도 많지 않고,

처벌을 받았다고 해도 벌금형에 그친 경우가 대부분이지."

변삼촌의 대답을 들은 아이들은 실망하는 기색이 가득했다.

너무 많이 울어서 눈이 퉁퉁 부은 수진이가 코맹맹이 소리로 물었다.

"그럼 앞으로도 계속 이런 나쁜 짓을 하는 사람에게 벌을 줄 수 없는 건가요? 동물들은 그냥 이렇게 당해야만 하나요?"

"그럴 리가 있나. 안 그래도 최근 길고양이나 유기견 학대 문제가 자주 일어나면서 동물보호법을 개정해야 한다는 의견들이 많아. 그래서 동물을 학대할 경우 누구나 학대하는 사람으로부터 동물을 긴급 격리시킬 수 있고, 동물을 죽음에 이르게 할 경우에는 지금까지보다 훨씬 더 강력한 처벌을 받도록 하자는 내용의 법안이 발의되었으니 곧 좋은 소식이 들릴 거야."

변삼촌이 희망적인 소식을 들려주자 수진이는 그제야 안심했다는 듯 미소를 지었다.

"정말 다행이에요. 오늘 호호네 식구를 눈감게 한 사람은 벌주기 힘들겠지만, 앞으로 법이 제대로 시행되면 그런 일이 줄어들겠죠?"

"음, 반드시 그래야지."

아이들은 훨씬 홀가분해진 마음으로 변호사 사무실을 나섰다.

"그런데 말이야."

수진이가 걸음을 멈추고 말했다.

아이들도 걸음을 멈추고 수진이의 말에 귀를 기울였다.

"법이 개정되어서 법적인 처벌을 할 수 있다고 해도 문제가 쉽게 해결되지는 않을 것 같아. 길고양이들은 여전히 많을 테고, 먹이를 찾기 위해 쓰레기봉투를 뒤지고 다니며 울 텐데……."

수진이의 말을 대현이가 이어 받았다.

"그러면 길고양이에 대한 혐오감은 더욱 커질 것이고, 오늘처럼 끔찍한 짓을 저지르는 동물 학대범은 계속해서 생겨나겠지. 뭔가 조치가 필요하긴 한데……."

그 말을 곰곰히 듣고 있던 우열이가 말했다.

"길고양이들에게 공식적으로 먹이를 줄 수 있는 공간이 생기면 어떨까? 그렇게 되면 길고양이들이 쓰레기를 뒤지거나 배고파 울 일이 없을 테고, 거리 구석구석에 배설물이 쌓이는 일도 없겠지?"

우열이의 말이 끝나자마자 수진이가 손가락을 튕기며 말했다.

"그래, 바로 그거야. 길고양이 급식소를 운영하는 거야. 어떤 구청에서 급식소를 운영해서 길고양이 문제를 해결한다는 기사를 본 것 같아. 우리도 구청에 급식소 운영을 건의해 보자!"

아이들은 모두 눈을 동그랗게 뜨고 수진이를 바라봤다. 그리고 약속이나 한 듯 한목소리로 외쳤다.

"찬성!"

▶ 쉬운 법 이야기 ❻ 동물보호법

동물이라고 함부로 다루면 안 돼요

동물보호법이란?

'동물보호법'이란 동물을 학대하는 것을 방지하고 생명을 보호하고 관리하기 위해 만들어진 법이에요. 우리나라의 동물보호법에서는 포유류, 조류 및 파충류·양서류·어류 중 대통령령으로 정하는 동물을 보호하고 있어요.

누구든지 동물을 기를 때는 그 동물이 정상적으로 살 수 있도록 충분히 음식물을 주어야 하며 정상적으로 행동하는 데 불편하지 않도록 해야 해요. 그래서 동물이 병에 걸리거나 고통 받는 일이 없고 또한 공포와 스트레스를 받지 않도록 해야 하지요.

동물학대는 법을 어기는 행위예요

동물을 잔인한 방법으로 죽이거나 일부러 음식물을 주지 않거나, 이유 없이 죽여서는 안 돼요. 치료나 합법적인 목적을 위한 실험이 아니라면 동물에게 도구나 약물을 사용해 다치게 하거나, 살아 있는 상태에서 동물의 몸을 손상해서도 안 되지요. 또 도박, 광고 등의 목적으로 동물에게 상해를 입혀서도 안 돼요. 이러한 행위를 촬영한 영상을 인터넷에 올리거나 판매하는 행위는, 동물 보호를 위한 목적이 표시된 홍보 활동이 아닌 이상 동물보호법 위반 행위예요. 그리고 동물의 소유자는 동물을 버리면 안 된답니다.

옛날에는 동물을 함부로 죽이기도 했어요

예전에는 동물을 함부로 대했어요. 하지만 지금은 동물이라는 이유만으로 학대해도 상관없다는 생각을 하지 않을 만큼 사회가 성숙했고, 그에 맞는 법이 제정되어 시행되고 있지요. 동물을 대하는 사람들의 인식이 달라진 것이지요. 그래서 동물도 사람과 마찬가지로 생명체라는 생각을 하고 평등하게 여기고 존중하자는 동물보호법은 당연한 내용이고 지켜져야 해요.

생각하기 & 토론하기

❶ 약품이나 화장품 등을 만들 때에 동물 실험을 하면서 동물들이 학대 받고 있다는 뉴스를 종종 보게 됩니다. 과연 동물 실험이 꼭 필요할까요?

❷ 여러분도 수진이처럼 동물을 키우거나 키워 본 적이 있나요? 여러분은 동물을 어떻게 대하는지 생각해 보세요.

아빠, 그러지 마세요!

대현이가 또 결석했다. 벌써 사흘째다.

동녘이는 대현이의 빈 자리를 물끄러미 바라보았다.

"그렇게 많이 아픈가? 전화도 꺼 놓고……."

우열이는 의심이 가득한 눈초리로 빈자리를 노려봤다.

"저 녀석, 꾀병 아냐? 독감이 유행하는 계절도 아닌데 혼자 독감이라는 게 이상하잖아."

언제 왔는지 수진이가 책상 위에 가방을 내려놓으며 말했다.

"암튼 대현이가 몸이 약한 건 세계 8대 불가사의보다 더 이상한 일이야."

동녘이가 수진이를 돌아보았다.

"불가사의라니?"

"대현이는 덩치만 보면 딱 운동선수 같잖아. 키도 크고 체격도 크고. 게다가 먹기는 또 얼마나 잘 먹니. 그런데도 걸핏하면 다쳐서 깁스하고 툭하면 결석하니까 말이야."

그 말에 우열이가 손뼉을 치며 맞장구를 쳤다.

"그 덩치에 추위까지 타더라. 걔 한여름에도 춥다고 긴팔 옷을 입고 다니잖아."

우열이의 말을 들은 수진이가 맞다는 표정을 지었다.

"동녘아, 너 대현이랑 1학년 때부터 친했지?"

"응."

수진이가 자신의 오른팔 소매를 걷어 올려 보이며 물었다.

"혹시 대현이 팔다리에 남이 보면 안 되는 북두칠성 같은 점이라도 있는 거니?"

동녘이는 피식 웃으며 고개를 가로저었다.

"아니, 그런 거 없어."

그런데 대답하고 나서 생각해 보니 정말 이상하다는 생각이 들었다. 언제부턴가 대현이가 반소매 옷을 입은 모습이 전혀 생각나지 않았다.

대현이는 동녘이와 1학년 때 같은 반이 되면서 친해진 친구였다. 2학년, 3학년 때도 같은 반이어서 손가락으로 꼽을 만큼 친한 친구였다. 그런데 대현이는 3학년 때까지만 해도 이렇게 몸이 약하지 않았다. 팔다리에 깁스를 하거나 결석을 하는 일은 절대 없는 건강하고 기운이 넘치는 친구였다. 그런데 4학년 때 다른 반이었다가 5학년 때 다시 만난 대현이는 1년 사이에 비실비실한 약골로 변해 있었다.

"오늘은 병문안을 가 봐야겠어."

동녘이의 혼잣말을 듣고 우열이가 장난기가 가득한 표정으로 말했다.

"나도 같이 갈래. 그 녀석 꾀병인지 아닌지 내 눈으로 직접 확인해야겠어."

수진이도 짓궂게 웃었다.

"나는 대현이 팔다리에 진짜 큰 점이 있는 건 아닌지 확인하고 말 테야."

수업이 끝난 후 아이들은 분식점에 들러 대현이가 평소 제일 좋아하는 떡볶이를 샀다.

"오늘 우리가 대현이 병문안 간다고 하니까 아줌마가 듬뿍 담아 주셨어."

우열이는 떡볶이가 담긴 비닐봉지를 흐뭇하게 보며 말했다.

"대현이는 아마 끙끙 앓다가도 떡볶이 냄새만 맡으면 벌떡 일어날 거야."

동녘이는 예전에 자주 가 봤던 대현이네 집으로 향했다.

"이 아파트야. 놀이터 바로 앞에 있는 동이었어. 그러니까 여기가 맞을 거야."

동녘이는 3동 503호의 초인종을 눌렀다. 그런데 수진이와 우열이가 그새를 못 참고 대현이를 불렀다.

조금 있다가 인터폰에서 낯선 목소리가 흘러나왔다.

"여기 그런 사람 안 사는데!"

"대현이네 집 아닌가요? 분명 여기 살았는데요."

"우린 이 집에 이사 온 지 1년이 넘었는데 전에 살던 사람을 찾는 거 아니니?"

"혹시 어디로 갔는지 아세요?"

503호의 새로운 주인은 대현이네가 어디로 이사 갔는지는 알지 못했다. 아이들은 잔뜩 풀이 죽어 뒤돌아섰다. 동녘이는 대현이가 왜 자기한테 이사 간다는 얘기를 안 했는지 정말 이상했다. 반이 달랐던 4학년 때도 학교 수업 끝나고 자주 만나서 놀았었다. 특히 같은 학원에 다니고 있었기에 거의 날마다 보는 편이었다.

우열이가 동녘이의 심각한 표정을 보고는 팔꿈치로 옆구리를 쿡

쿡 찔렀다.

"야, 너희 진짜 절친 맞아?"

"그, 그러게. 이사 간 줄도 몰랐네."

동녘이는 왠지 민망했다.

수진이가 우열이를 째려봤다.

"말 안하면 모를 수도 있지 뭘 그러냐? 근데 대현이랑 통화도 안 되는데 집을 어떻게 찾지?"

동녘이는 대현이가 이 아파트에 오래 살았으니 주민들에게 물어

보면 되겠다고 생각했다. 마침 놀이터에 2학년 정도 되어 보이는 아이들이 모여서 놀고 있었다.
"너희, 혹시 대현이 아니?"
아이들은 처음 듣는 이름인양 말똥말똥 쳐다보기만 했다.
잠자코 있던 우열이가 아이들 앞으로 다가가 양팔을 좌우로 벌리며 물었다.

"있잖아, 이렇게 뚱뚱하고 얼굴 하얗고 눈에 크게 쌍꺼풀진 형 못 봤어?"

수진이도 거들었다.

"가끔 팔이나 다리에 깁스도 하고, 여름에도 긴소매 옷 입고 다니는데 모르니?"

그제야 모자를 쓴 한 아이가 아는 체했다.

"알아요. 얼굴에 반창고 붙이고 다니는 형"

동녘이 얼굴이 환해졌다.

"그래, 맞아. 어디로 이사 갔는지 아니?"

모자 쓴 아이가 손을 뻗어 아파트 건너편을 가리켰다.

대현이가 새로 이사 간 곳은 다행히 전에 살던 아파트와 멀지 않은 곳이었다. 아파트 맞은편에 오래된 집이 모여 있는 주택가였다. 동녘이와 수진이, 우열이는 모자를 쓴 아이가 가르쳐 준 대로 대박슈퍼 옆 골목으로 들어가 막다른 곳에 보이는 붉은 벽돌색 건물 앞에 섰다. 한눈에 봐도 지어진 지 꽤 오래되어 보이는 다세대 주택이었다.

동녘이는 서로 숨기는 게 없는 사이인데 대현이가 이사 간 걸 말하지 않은 이유가 무엇일까 궁금했다. 하지만 허름한 집을 보니 이해가 될 것도 같았다. 그리고 뭔가 말 못 할 사정이 있는 것 같다는 생각이 들었다.

동녘이는 낡아서 칠이 거의 다 벗겨진 철대문 앞에서 주저하다 뒤돌아섰다.

"얘들아, 우리 오늘은 그냥 돌아가자. 독감 다 나으면 학교 나오겠지 뭐."

그런데 우열이가 떡볶이가 담긴 봉지를 동녘이 앞으로 들어 올리며 말했다.

"여기까지 와 놓고 왜 안 들어가. 떡볶이 다 식는단 말이야. 대현이가 떡볶이를 얼마나 좋아하는데."

그러고는 대문으로 들어서며 대현이를 부르려고 했다. 수진이가 우열이의 입을 손바닥으로 막았다.

"눈치 좀 있어라. 너 같으면 이렇게 허름한 집으로 이사 왔는데 우리가 찾아온 게 반갑겠니?"

"그, 그런가?"

우열이는 머리를 긁적거리면서 동녘이의 눈치를 살폈다.

동녘이는 억지 미소를 지었다.

"그래, 수진이 말대로 그냥 가는 게 좋겠어. 오늘 우리가 온 건 대현이한테 얘기하지 말자."

셋은 서로를 바라보며 말없는 약속을 하고 뒤돌아섰다.

그런데 그때 열린 대문 사이로 보이는 지하 계단 아래 현관에서

술 취한 남자 어른의 욕설이 들렸다.

"이 새끼, 건방지게 어디서 말대꾸야. 한번 맞아 볼래?"

곧바로 뭔가를 집어던지고 와장창 깨지고 부서지는 소리가 나더니 귀에 익은 목소리가 들렸다. 대현이였다.

"아빠, 그러지 마세요. 무서워요. 제발 그러지 마세요."

대현이는 울먹이고 있었다.

아이들은 순간 심장이 멎은 듯했다. 생각지도 못한 상황을 마주하니 너무 놀라서 그 자리에 선 채 옴짝달싹하지 못했다. 그런데 갑자기 지하 현관문이 벌컥 열리는 바람에 모두 후다닥 철문 밖으로 튀어나왔다. 곧바로 술 취한 남자 어른이 몸을 휘청거리며 계단을 올라왔다.

"에잇, 되는 일이 없어. 되는 일이!"

얼굴을 보지 않아도 아이들은 그 남자가 대현이 아빠라는 걸 알 수 있었다.

아이들은 슬며시 고개를 돌려 현관 쪽을 바라보았다. 열린 문 사이로 쓰레기를 흩뿌려 놓은 것처럼 엉망진창이 된 방이 보였다. 그 가운데 빈 술병이 나뒹굴고 있었고 그걸 치우는 대현이가 보였다. 멀리서도 보일 정도로 대현이 얼굴 눈 주변에는 시퍼런 멍이 들어 있었다.

동녘이는 목구멍에서 뜨거운 덩어리가 튀어나올 것만 같았다. 당장 달려가서 대현이를 데리고 나오고 싶었지만 차마 그럴 수가 없었다. 이 광경을 봤다는 사실을 대현이가 알면 어떻게 생각할지 걱정도 되었다. 수진이와 우열이도 같은 심정이었다. 셋은 이러지도 저러지도 못한 채 한참을 우물쭈물하다가 도망치듯 대현이네 집을 떠났다.

골목을 걸어 나오는데 아주머니들이 대박 슈퍼 앞에 모여 대현이네 집 쪽을 보며 수군대고 있었다.

"하루가 멀다 하고 저렇게 던지고 부수고 때리니 우리까지 무서워서 못살겠네."

"직장 잃고 계속 일자리를 얻지 못하니까 홧김에 술만 마시고, 마셨다 하면 애 엄마랑 애한테 손찌검을 해 대니 원……."

"애는 상처 때문에 학교도 못 가는 날도 있고, 애 엄마는 선글라스를 끼고 마트에 나가는데 딱해서 못 봐주겠더라고."

"그러게요. 보다 못해 반장이 뭐라고 한소리 했더니 내 자식 내가 때리는데 무슨 상관이냐고 도리어 화를 내더래요."

"아유, 내버려 둬요. 괜히 간섭하다 해코지 당할라."

동녘이는 소름이 끼쳤다. 뉴스에서나 보던 일이 내 친구네 집 일일 줄이야.

아이들은 그제야 대현이가 그동안 보였던 수상한 행동이 퍼즐 맞추듯 맞춰졌다. 한여름에 땀을 뻘뻘 흘리면서도 긴소매에 긴바지를 입고 다녔던 이유를, 걸핏하면 넘어져 다쳤다며 얼굴과 목에 반창고를 덕지덕지 붙이고 깁스를 한 이유를, 한 달에 한두 번은 꼭 아프다며 결석했던 이유를 알 것 같았다. 그게 모두 아빠의 폭력 때문이었다.

말없이 걷기만 하던 아이들은 대현이가 전에 살았던 아파트 놀이터에 다다라서 멈추었다. 다리가 후들거리고 심장이 뛰어서 도저히 더 걸을 수가 없었다.

제일 먼저 동녘이가 바닥에 주저앉아 울음을 터트렸다.

"그런 줄 몰랐어. 친한 친구라고 하면서 아무것도 몰랐어. 난 친구도 아니야."

바로 옆에 있던 수진이의 목소리도 흔들렸다.

"그런 줄도 모르고 덩칫값도 못 한다고 놀렸는데 얼마나 마음이 아팠을까."

그런데 우열이가 뜻밖의 말을 했다.

"우리 후회하지 말자."

동녘이와 수진이가 우열이를 올려다보았다.

이럴 때 보면 우열이는 평소 뺀질거리는 것과 달리 생각이 깊은 것 같았다.

"대신! 대현이를 도와줄 방법을 찾아보자."

동녘이가 손등으로 눈물을 훔치며 일어섰다.

"어떻게?"

"법으로 해결할 수 있는 방법이 있을 거야."

우열이 말이 끝나자마자 수진이가 두 손을 마주치며 말했다.

"그래, 우리에겐 만능 해결사 변삼촌이 계시니까!"

동녘이는 아이들의 말이 끝나기가 무섭게 변삼촌에게 전화를 걸었다.

"변삼촌, 지금 바쁘세요?"

변삼촌은 절대 한가할 리가 없을 텐데 한가한 척하며 아이들을 맞아주었다.

"우리 조카들이 오늘은 무슨 일로 찾아왔을까?"

그러고는 곧 한 사람이 빠진 것을 알아챘다.

"어? 대현이가 안 보이네?"

동녘이는 회의실 의자에 털썩 주저앉으며 시무룩한 목소리로 말했다.

"실은 대현이 일로 의논할 게 있어서 왔어요."

걱정이 가득한 동녘이 목소리를 듣고 변삼촌은 심상치 않은 일이 일어났다는 것을 단박에 눈치챘다. 그러더니 웃음기를 거두고 아이들의 말에 귀를 기울였다.

이야기가 다 끝나자 변삼촌은 안경을 벗고 한동안 눈을 꼭 감았다. 무척이나 착잡한 표정이었다.

"그동안 대현이나 대현이 어머니 고통이 이만저만 큰 게 아니었겠구나."

아이들은 숨소리도 내지 않고 변삼촌의 다음 말을 기다렸다.

변삼촌이 다시 안경을 꼈다.

"가정폭력은 가족 사이에 일어나는 폭력이기 때문에 한 번 시작되면 계속 반복되고, 피해자가 가해자와 함께 살기 때문에 그 어떤 폭력보다도 고통이 심해. 그래서 주변 사람들의 관심과 도움이 필

요하지."

아까부터 마음이 다급했던 동녘이가 변삼촌의 말이 끝나자마자 물었다.

"어떻게 도우면 되나요?"

"신고하는 게 도와주는 거야. 누구든지 가정폭력을 보게 되면 즉시 신고해야 해. 그럼 '가정폭력범죄의 처벌 등에 관한 특례법'에 따라 피해자를 보호하고, 가해자의 죄질에 따라 처벌할 수 있어. 특히 어른이 만 18세가 되지 않은 아동을 때리는 행위는 '아동복지법'에 따라 엄한 처벌을 받게 돼."

변삼촌의 말을 들은 우열이가 고개를 갸우뚱했다.

"그런데 왜 여태 아무도 신고하지 않았을까요. 아까 동네분들 얘기 들어보니 신고를 꺼리는 눈치던데……."

"그건 우리나라 사람들이 가정폭력을 집안일로 생각하는 경우가 많아서 그래. 대부분 내 자식 내가 때리는데 남이 무슨 상관이냐는 생각을 하니까 괜한 시비가 생길까 봐 걱정해서 가정폭력 신고율이 낮은 편이야."

"말도 안 돼요. 그 집안일 때문에 대현이가 정말 큰 고통을 받고 있다고요!"

수진이는 흥분해서 목소리가 파들파들 떨렸다.

변삼촌이 씁쓸한 미소를 지었다.

"그러게 말이다. 하지만 이제라도 신고하면 대현이와 대현이 어머니를 보호할 수 있을 거야."

그런데 동녘이 표정에는 망설임이 가득했다.

"하지만 대현이는 자기 아빠가 처벌받는 걸 원할까? 정말 우리가 신고해도 괜찮을까?"

그 질문에 수진이도 우열이도 선뜻 대답을 하지 못했다.

아이들은 현명한 해결을 기대하며 변삼촌을 바라봤다.

"내 생각엔 이렇게 하는 게 좋을 것 같아. 더 위험한 상황이 벌어지기 전에 내가 대현이와 대현이 어머니를 조용히 만나 보는 거야. 대현이네 집이 어디랬지?"

변삼촌의 말이 끝나자마자 아이들이 벌떡 일어섰다.

"네! 저희가 안내하겠습니다."

그로부터 보름이 지났다. 모두 대현이 소식이 궁금했지만 먼저 연락해 볼 엄두를 내지 못했다. 괜히 전화기만 들었다 놓았다 할 뿐이었다.

"어휴, 연락 기다리다가 목 빠지겠어. 그냥 전화해 볼래."

동녘이가 대현이의 휴대 전화 번호를 눌렀다. 모두 긴장한 표정으로 전화기에 귀를 기울였다. 몇 번의 신호음이 울린 후 대현이의 목소리가 들렸다.

"동녘이구나!"

다행히 대현이의 목소리가 밝았다. 그리고 말할 수 없을 만큼 반가웠다.

하지만 동녘이는 자기도 모르게 퉁명스러운 말이 튀어나왔다.

"야! 너 어떻게 된 거야?"

옆에 있던 우열이도 휴대 전화에 대고 냅다 소리를 질렀다.

"손가락 부러졌냐? 왜 답답하게 연락을 안 하냐고!"

수진이도 따지듯 말했다.

"우리가 기다릴 거라는 생각 안 했니?"

세 명이 동시에 퍼부어 대자 대현이가 실실 웃었다.

"헤헤, 너희 내 걱정 많이 했구나……."

세 명은 다시 한 번 한 목소리로 쏘아붙였다.

"당연하지!"

"어휴, 귀청 떨어지겠네. 난 변삼촌 덕분에 아주 바쁘게 지내고 있어. 엄마랑 병원에서 치료 받고 지금은 아동 폭력 센터에 심리 치료 받으러 다녀. 아빠도 변삼촌이 설득해서 알코올 중독 치료를 받고 있고, 치료 끝나면 직업 훈련도 받을 거래."

정말 애타게 기다리던 반가운 소식이었다. 무엇보다 대현이의 목소리가 밝아서 고맙고 또 고마웠다. 그래서 이번엔 모두 말문이 막혔다.

"……."

"……."

잠깐 동안의 침묵 사이로 말로 표현할 수 없는 마음이 오갔다. 동녘이는 우열이와 수진이가 하고 싶어 하는 말을 대신 했다.

"빨리 치료 끝내고 보자. 떡볶이 집에서 다시 뭉치자고!"

"응, 그럴게."

3모둠은 오랜만에 행복한 미소를 지었다.

쉬운 법 이야기 ⑦ 아동복지법

가정폭력은 가정을 무너뜨릴 수 있어요

가정에서 학대받는 아동을 보호하는 법이 있어요

'가정폭력방지 및 피해자보호 등에 관한 법률'은 가정에서 일어난 폭력으로부터 피해자와 가정을 보호하기 위해 만들었어요. 국가와 지방자치단체는 이 법을 지켜 가정폭력을 예방하고 피해자를 보호할 의무가 있답니다.

'가정폭력범죄의 처벌 등에 관한 특례법'에서는 가정폭력은 '가정 구성원 사이의 신체적·정신적 또는 재산상 피해가 함께 일어나는 행위'로 보고, 경우에 따라서는 가정 보호 사건으로 다루기도 해요. 가해자가 피해자에게 접근하는 것을 막거나, 친권자인 경우에는 친권을 제한하기도 해요.

'아동복지법'에서는 18세 미만을 아동으로 규정하고, '보호자(또는 성인)가 아동의 건강과 복지를 해치거나 가혹 행위를 하고, 아동을 유기하거나 방임하는 것'을 아동학대라고 보아요. 따라서 이 법은 각종 아동학대를 방지하고 아동을 위해 지급된 돈을 다른 용도로 사용하는 행위 등을 막고 있어요. '아동학대범죄의 처벌 등에 관한 특례법'은 아동학대 범죄를 가중하여 처벌하고 있어요.

아동학대 범죄는 특별히 취급해야 해요

아동학대 범죄의 피해자는 부모나 보호자의 보호·감독 아래 있는 어린이이기 때문에 스스로 학대 받은 사실을 알리기 어려워요. 학대가 반복되지 않도록 상담·교육, 치료 등의 지원이 필요해요.

부모는 미성년자녀를 보호할 의무가 있어요.

민법에서 부모는 19세 미만 미성년 자녀의 친권자라고 규정하고 있어요. 친권자는 자녀를 보호하고 가르칠 의무가 있어요. 즉 '친권'은 권리보다는 의무에 가까워요. 부모라는 이유로, 자녀가 어리다는 이유로, 혈연이라는 이유로, 부모가 자녀를 함부로 대하거나 학대해서는 안 된다고 법으로 규정했어요.

생각하기 & 토론하기

❶ 주변에 대현이 같은 친구가 있다면 어떻게 해야 할까요?

❷ 가정폭력에 해당하는 또 다른 사례들이 무엇이 있는지 생각 해 보세요.

독도는 우리 땅!

"유대현의 퇴원을 축하합니다!"

심리 치료를 받고 퇴원한 대현이는 한층 밝아 보였다. 한 달 전, 열린 현관문으로 본 눈두덩이가 시퍼렇고 슬픈 표정을 지었던 대현이는 더 이상 찾아볼 수 없었다. 반소매 옷에 드러난 팔에도 아무 상처가 없었다.

대현이가 동녘이와 수진이, 우열이를 차례로 바라봤다.

"고마워. 너희 덕분이야."

동녘이가 쑥스러운 듯 포크로 떡볶이를 쿡쿡 찌르며 말했다.

"건강하게 돌아와 줘서 우리가 더 고마워."

수진이와 우열이도 말은 안 했지만 동녘이와 같은 마음이었다.

"너희가 웬 일이냐? 떡볶이를 쳐다만 보고 있게? 오늘 대현이가 오랜만에 온 기념으로 튀김 한 그릇 서비스다."

분식집 아줌마가 탁자 위에 튀김이 담긴 접시를 올려놨다.

"우아, 아줌마 최고!"

잠시 진지했던 아이들은 눈빛이 순식간에 바뀌어 접시로 몰려들었다. 젓가락이 분주하게 오간 덕에 접시는 금세 바닥을 드러냈다.

봉긋해진 배를 두드리는데 분식점 벽에 걸린 텔레비전에서 말문이 턱 막히는 뉴스가 나왔다.

"최근 일본의 한 출판사에서 낸 중학교 입시 모의고사 문제에 독도와 관련된 황당한 시험 문제가 출제되었다고 합니다. 문제는 '다음 중 독도를 불법 점거하고 있는 국가는 어디인가?'이며, 보기로는 러시아, 중국, 한국, 북한이 차례대로 나열돼 있습니다. 정답은 여러분이 예상하시는 바와 같이 한국이었습니다."

"뭐야!"

너무 어이가 없어서 아이들은 말문이 막혔다.

뒤에 앉은 중학생들도 흥분했는지 목소리가 한껏 올라가 있었다.

"저렇게 거짓말이라도 반복하면 진짜 독도가 자기네 땅이 된다고 생각하는 걸까?"

"일본은 교과서에 한국이 독도를 불법 점령하고 있다고 적어 놨다며?"

"'다케시마(독도)의 날'이라고 기념일까지 만들어서 기념식까지 요란하게 하더라."

그 말을 듣던 우열이가 뭔가 생각난 듯 말했다.

"참, 내가 우연히 일본에서 독도가 자기네 땅이라고 확신하는 이유를 본 적이 있는데 정말 그럴싸하더라."

수진이가 눈을 가늘게 뜨고 바라봤다.

"너 설마 그걸 믿는 건 아니지?"

"당연하지. 하지만 누가 나더러 독도가 왜 한국 땅이냐는 증거를

대 보라고 하면 머뭇거릴 것 같아."

우열이의 말에 대현이도 자신 없는 표정을 지었다.

"하기는 나한테 물어봐도 그럴 것 같아."

갑자기 동녘이가 아이들에게 짜증을 냈다.

"그렇게 말하면 안 되지. 독도가 우리나라 땅이라는 확실한 근거를 대야 한다고."

그러고는 손을 허리에 얹고 아주 비장한 표정으로 설명을 시작했다.

"독도가 우리 땅이라는 기록은 《삼국사기》《세종실록지리지》《동국문헌비고》 등 옛 문헌에 수도 없이 나와 있고, 지도에도 표시되어 있어. 또 우리가 일본의 침략을 받아 나라를 빼앗긴 적이 있지만, 카이로 선언에 따라 광복과 동시에 빼앗긴 땅을 모두 되찾았단 말이야. 그리고 현재는 우리나라 경찰이 독도에 상주하면서 실효 지배하고 있으니 우리 땅이 확실하다고!"

"우아! 동녘이 너 엄청 똑똑해 보인다."

넋 나간 표정으로 감탄하는 아이들의 반응에 동녘이가 소리를 빽 질렀다.

"야! 지금 내가 똑똑해 보이는 게 중요하냐? 너희가 이런 사실을 몰랐다는 걸 반성해야지!"

수진이가 민망한 듯 배시시 웃었다.

"그, 그렇지……."

대현이와 우열이도 말을 못 하고 버벅거렸다.

그때 분식점 앞을 지나가던 변삼촌이 아이들을 보고 들어왔다.

"어이, 3모둠! 학원 안 가고 여기 몰려 있는 거냐?"

수진이가 변삼촌을 반기며 대답했다.

"오늘은 놀아도 된다고 공식적으로 인정받은 날이에요. 대현이가 퇴원해서 환영해 주고 있었어요."

변삼촌이 대현이 옆자리에 앉았다.

"섭섭한데. 이런 좋은 날엔 나도 불러 줘야지."

그 말에 대현이가 음료수 잔을 변삼촌 앞으로 밀며 말했다.

"헤헤, 바쁘실까 봐……."

"그래, 태평양처럼 마음 넓은 내가 속아 준다."

변삼촌은 목이 탔는지 음료수를 단숨에 마시고 물었다.

"그런데 너희 뭔가 심각한 토론을 하고 있는 것 같던데?"

동녘이가 잠시 잊었던 독도 생각을 하며 씩씩거렸다.

"뉴스 보다가 화가 나서요. 글쎄, 일본에서 독도가 자기네 땅이라고 우기는 나라가 어디냐는 시험 문제를 냈지 뭐예요."

"정답은 대한민국이었겠지?"

"네."

모두 탐탁지 않은 목소리로 답했다.

우열이가 변삼촌에게 따지듯 질문했다.

"독도 문제는 왜 이렇게 해결이 안 나요? 이걸 해결할 방법은 정말 없는 거예요?"

"당연히 있고말고. 보통 두 나라 사이에 다툼이 생기면 외교를 통해 해결하지. 그래도 안 되면 제3국이 나서서 두 나라의 문제를 조정하고, 그래도 해결이 안 되면 국제법에 따라 해결하지."

수진이가 손등으로 자기 이마를 쳤다.

"아차! 국제법이 있었지."

"그래. 국제법은 전 세계 국가들의 분쟁이나 마찰을 조정하기 위해 국가 간의 관계를 규칙으로 정해 놓은 법이야. 오늘날 세계가 정보화·세계화 시대로 하나의 지구촌을 형성하고 있어서 국제법의 중요성은 날로 커지고 있지."

"그럼 국제법을 어기면 재판도 받나요?"

대현이 질문에 변삼촌이 대답 대신 빙그레 웃으며 되물었다.

"어떨 것 같니?"

대현이는 대답을 망설이며 동녘이를 바라봤다.

"재판을 받을 것 같기는 한데 우리나라 법원 같은 곳에서 받는 건가?"

동녘이도 잘 모르겠는지 어깨를 으쓱이며 변삼촌을 바라봤다.

"국제적인 문제를 해결하는 국제사법기구가 여럿 있어. 그중 대표적인 곳이 국제연합기구 중 하나인 국제사법재판소(ICJ)인데, 일본에서는 이곳을 통해 독도 문제를 해결하자고 우리나라 정부에 요청하고 있지."

변삼촌의 말을 들은 우열이의 입이 크게 벌어졌다.

"그래요? 그럼 당장 재판을 받아야죠. 당연히 우리가 독도의 주인이라는 판결이 나올 테니까요!"

수진이와 대현이도 기대감에 부풀어 변삼촌을 봤다.

그러나 변삼촌의 대답은 예상을 빗나갔다.

"우리나라는 재판을 받지 않겠다는 입장이야. 왜냐하면……."

그때 하필 변삼촌의 휴대 전화가 울렸다. 변삼촌은 휴대 전화에 표시된 번호를 보고는 난감한 표정을 지었다.

"이런, 상담 약속이 있는 걸 깜빡했네. 얘들아, 미안한데 나중에 얘기하자."

"사, 삼촌!"

그렇게 말하고 변삼촌은 대답할 사이도 없이 헐레벌떡 달려 나갔다.

"에이, 본격적인 얘기가 시작되려는 참이었는데……."

우열이는 아쉬움에 입을 툭 내밀었다.

아쉽기는 다들 마찬가지였다.

갑자기 동녘이가 벌떡 일어났다.

"가자!"

모두 눈을 크게 뜨고 동녘이를 올려다봤다.

"누워서 감 떨어지기만 기다리지 말고 우리가 직접 알아보자. 우리나라에서 재판을 거부하는 이유가 뭔지, 일본은 왜 국제사법재판소를 통해 해결하려고 하는지 말이야."

"좋아! 감이 먹고 싶으면 직접 따서 먹어야지."

우열이가 냉큼 일어나 가방을 챙기자 수진이와 대현이도 따라 일어났다. 목적지는 '법이란 무엇인가'에 관한 보고서를 쓸 때 자주 드나들었던 도서관이었다.

도서관에 도착한 아이들은 국제법과 독도에 관한 책들을 찾아보기 시작했다. 우열이는 독도와 관련된 신문 기사를 검색했다. 그렇게 모두 진지하게 책을 읽어 보고 있었다.

한참 만에 수진이가 읽던 책에서 눈을 떼지 않은 채 말했다.

"얘들아, 이 책에 우리나라가 재판을 거부하는 이유가 실려 있어. 첫째는 독도가 우리나라 땅이라는 게 너무 확실해서 대꾸할 가치가 없기 때문이고, 둘째는 국제사법재판소로 가면 우리나라가 불리할 수도 있기 때문이래."

수진이의 말이 끝나자마자 아이들 입에서 동시에 같은 말이 튀어나왔다.

"왜?"

독도에 관해 안다고 자신했던 동녘이는 두 번째 이유를 도무지 이해할 수 없었다.

"우리 땅이 확실한데 왜 불리해? 독도가 우리 땅이라는 증거가 많으니 정정당당하게 재판을 받으면 되잖아."

수진이가 책에서 눈을 떼며 어깨를 으쓱했다.

대현이는 겁이 덜컥 났다.

"우리가 재판을 계속 거부하면 일본에서 독도가 한국 땅이 아니라서 망설인다고 떠들지도 몰라."

그 말에 우열이가 모니터를 가리키며 말했다.

"안 그래도 일본이 우리의 재판 거부를 '독도가 한국 땅이 아니다.'는 증거라고 주장하고 있대. 그리고 일본이 독도 문제를 국제사법재판소에 끌고 가려는 속셈이 따로 있대."

"뭔데? 같이 보자."

아이들은 우열이가 찾은 기사를 다같이 읽었다.

일본은 독도 문제를 국제 분쟁으로 만들어 세계의 눈과 귀를 집중시키려 하고 있다. 국제법은 국가의 크기나 국력, 경제력에 상관없이 평등해야 한다는 게 원칙이지만, 실제로는 강대국에게 유리하게 작용할 때가 많기 때문이다. 일본이 노리는 것이 바로 그것이다.

수진이가 입을 삐죽이며 볼멘소리를 했다.

"쳇, 법은 공평하다며! 약한 자한테만 강하고, 강한 자한테는 든든한 울타리가 되어 주는 거야?"

우열이는 주먹을 쥐고 부르르 떨었다.

"내 말이."

그러자 동녘이가 책을 보다가 적어 놓은 메모를 집어 들었다.

"내가 국제사법재판소에 관해 찾아보니까 이런 내용도 있어. 국제사법재판소에는 서로 국적이 다른 재판관 열다섯 명이 판결권을 갖고 있는데 그중 한 명이 일본인 재판관이래. 그러니 무조건 일본에 찬성 한 표가 보장된 셈이나 다름없는 거지. 더구나 국제사법재판소는 한 번 재판 결과가 나오면 그 판결이 잘못되었다고 해도 절대 다시 제소(소송을 제기하는 것)할 수 없대."

대현이가 겁먹은 표정으로 조심조심 물었다.

"그럼 독도가 일본 땅이라는 판결이 나면 그걸로 끝이야?"

동녘이가 무겁게 고개를 끄덕였다.

수진이가 힘없이 말했다.

"억울해도 일본의 요구를 쉽게 받아들이지 않는 이유를 이제 알 것 같네."

우열이가 이맛살을 종이처럼 구기며 말했다.

"쳇, 억울하면 출세하라더니 우리가 외교력을 더 키울 수밖에 없겠어."

우열이의 말을 끝으로 모두 더는 말이 없었다.

한참 흐르던 침묵을 동녘이가 깼다.

"근데 말야. 우리가 독도 문제에 관해 뭔가 할 일이 없을까?"

"글쎄, 겨우 초등학생인 우리가 할 수 있는 게 뭘까? 독도가 우리 땅이라는 노래만 부를 줄 알았지, 왜 독도가 우리 땅인지 논리적인 주장도 할 수 없는데."

대현이의 말에 수진이가 의견을 냈다.

"그 논리적인 주장을 아는 게 바로 우리가 할 일인 것 같아."

우열이도 수진이의 의견에 덧붙였다.

"그리고 나만 알 게 아니라 다 같이 아는 거!"

동녘이가 미간을 찌푸리며 아주 심각하게 고민하는 듯 하더니 손가락을 튕기며 외쳤다.

"좋은 생각이 떠올랐어. 독도가 왜 우리 땅인지를 알리는 동영상을 만들어 유튜브에 올리는 거야!"

우열이도 손가락을 튕겼다.

"오오, 아주 좋은 생각인데? 독도에 관해 전혀 모르던 사람도 동영상만 보면 이해할 수 있게 만들자."

순간, 대현이의 머릿속에 아이디어가 번뜩였다.

"이왕이면 영어로 자막도 올리자!"

아이들의 표정이 환해졌다.

"그럼 전 세계인들이 볼 수 있겠다! 내일 학급 회의 시간에 우리 반 전체가 함께 만들자고 건의해 보자. 동영상을 잘 만드는 능력자가 나타날 거야."

수진이가 손바닥을 들어 올리며 말했다.

"좋아, 좋아, 대찬성!"

그렇게 나머지 아이들도 손바닥을 부딪히며 '우리 독도 알리기' 동영상 프로젝트가 시작되었다.

▶ 쉬운 법 이야기 ⑧ 국제법

독도는 대한민국 땅이에요

국제법이란?

'국제법'은 국가와 국가 사이의 관계를 정한 법으로 조약과 국제관습법이 있어요. '조약'은 둘 이상의 국가가 당사국이 되어 체결하는 국제 규범이고, '국제관습법'은 국가 간의 합의에 의해 일반적으로 승인된 국제 관행이에요. 조약은 조약을 체결한 당사국 사이에서만 효력이 있고, 한 국가 조약 내용을 위반하더라도 제재하거나 계약 내용을 지키라고 할 수는 없어요.

조약에 관한 헌법 규정

대통령은 조약을 체결하고 비준하는 권한을 가지고 있어요. 조약을 체결하기 전에는 국무회의의 심의를 거치지요. 그리고 조약 중에 상호 원조 또는 안전 보장에 관한 조약, 중요한 국제 조직에 관한 조약, 또는 입법 사항에 관한 조약 등을 체결하고 비준할 때는 국회의 동의를 얻어야 해요. 국내법에 대한 입법기관이 국회이기에 조약으로 인해 국민의 권리와 의무에 영향을 미칠 수 있다면 국회의 승인을 얻어야 해요. 이렇게 헌법에 의해 체결·공포된 조약은 국내법과 같은 효력을 가지지요.

국제 사법 기관에는 어떤 것들이 있나요?

'국제사법재판소'는 국제 연합(UN)의 사법기관 중 하나로, 국가들간의 분쟁을 취급하는 국제 사법 기관이에요. 국제사법재판소에서는 영토·국경 분쟁, 국가의 독립과 승인 국가간 손해 배상 책임 등을 재판해 국가간 분쟁을 평화적으로 해결하기 위해 노력하지요. 또한, 국가, 국제 기구 및 개인 간 분쟁의 평화적 해결을 위한 국제 법률 기구는 상설중재재판소가 있어요. '국제형사재판소(ICC)'는 국제법상 개인의 형사 책임을 확인하고 처벌하는 국제 사법 기관이에요. 그 외 유럽, 미주 등은 지역별 인권 조약을 채택하고 지역별 인권재판소를 운영하고 있어요.

생각하기 & 토론하기

❶ 독도가 우리나라 땅이라는 사실을 세계에 더 알리기 위해 어떤 법을 만들면 좋을까요?

❷ 독도가 우리나라 땅이라는 사실을 알리기 위해 동녘이와 모둠 아이들은 영상을 만들어 유튜브에 올리기로 했어요. 이외에 또 어떤 일을 할 수 있는지 생각해 보세요.

법아, 고마워!

"에잇, 딱 걸렸네. 괜한 돈 나가게 생겼어."

아침 식사 시간에 아빠가 잔뜩 짜증이 묻은 얼굴로 식탁 앞에 앉았다.

엄마가 공기에 밥을 담으며 물었다.

"뭐가?"

"고속도로에서 속도를 좀 냈는데 과속했나 봐. 과태료 고지서가 날아왔어."

아빠는 고지서를 던지듯이 식탁 위에 올려놓았다.

"그러게 조심 좀 하지. 당신은 너무 속력을 내는 게 문제야."

"과속 카메라가 거기 있을 줄 알았나? 다음부터는 그 길을 피해

가야겠어. 돈 아까워 죽겠네."

동녘이는 아빠의 말에 눈살을 찌푸렸다. 법을 어겼으니 벌금이든 뭐든 처벌을 받는 게 당연한 거 아닌가? 이건 절대 툴툴거릴 일이 아닌데. 동녘이는 할 말이 많았지만 그냥 말없이 밥을 먹고 있는데 엄마가 동녘이가 좋아하는 두부전을 밀어 주며 말했다.

"동녘아, 우리 오늘 저녁에 영화 보자."

"무슨 영화요?"

일 년에 한 번 정도, 그것도 명절에나 극장에 갈까 말까 한 엄마가 영화를 보자니 의아했다.

엄마는 신나는 자랑거리라도 있는 듯 으스대며 말했다.

"엄마가 아직 극장에서 상영도 안 한 따끈따끈한 최신 영화를 내려받았다는 거 아니냐."

최신 영화란 말에 아빠가 찌푸린 얼굴을 펴며 관심을 보였다.

"여보, 그런 건 둘이 보면 안 되지. 나 퇴근하고 와서 같이 보기!"

동녘이는 뭔가 심상치 않은 기운이 느껴졌다.

"엄마, 그 영화 어디서 났는데요? 혹시……."

"어, 수진 엄마가 인터넷에서 내려받았다고 보내 줬어."

혹시나 했는데 역시나였다.

동녘이는 숟가락을 내려놓았다.

"나 참, 우리 집에 법을 지키지 않는 사람이 둘이나 있었네요."

엄마와 아빠가 무슨 말인가 하고 눈을 동그랗게 뜨고 물었다.

"그 두 사람이……."

"혹시 우릴 말하는 거니?"

동녘이는 한숨을 쉬며 고개를 크게 끄덕였다.

엄마 아빠가 입을 반쯤 멍하니 벌렸다.

"내가 뭘 잘못했는데?"

아빠가 물었다.

"법을 어겼으면 당연히 그에 합당한 처벌을 받아야 한다고 생각해요. 그리고 과속 카메라 단속을 피할 궁리를 할 게 아니라 과속을 하지 말아야죠. 교통 법규라는 게 지키라고 만들었지 요령껏 피하라고 만든 게 아니잖아요."

아빠는 동녘이의 논리 정연한 말에 한마디도 대꾸하지 못했다.

이번에는 엄마 차례였다. 엄마는 동녘이가 말을 꺼내기도 전부터 바짝 긴장해 있었다.

"나, 난 뭘 잘못했는데?"

"저작권법을 위반했어요. 아직 상영도 안 한 영화를 내려받았다면 보나마나 불법으로 내려받은 것인데 이게 저작권법 위반인 거 모르셨어요?"

"하지만 내가 내려받은 게 아니잖니. 난 수진 엄마가 보내 주는 걸 그냥 받았을 뿐이야. 난 잘못 없다."

동녘이는 발뺌하는 엄마를 보며 어이가 없었다.

"그런 파일을 비밀리에 주고받는 것도 불법이거든요!"

그 말을 들은 엄마의 귓가에 진땀이 흘렀다.

아빠는 민망함을 감추려고 일부러 큰 소리로 웃었다.

"하하! 우리 동녘이가 요새 변삼촌 사무실에 드나들더니 엄청 똑똑해졌네? 이참에 공부 열심히 해서 변호사가 되는 건 어때?"

엄마도 이때다 하고 맞장구를 쳤다.

"좋네, 좋아! 우리도 변호사 아들 좀 둬 보자."

하여간 엄마 아빠는 어떤 얘기든 공부와 연결시키는 대단한 재주가 있다.

이럴 땐 '법'으로 맞설 수밖에 없다.

"그런 식으로 은근슬쩍 공부하라고 강요하지 마시고 두 분은 준법 정신을 좀 가지기 바랍니다. 법은 모두가 잘살기 위해 만든 사회적 약속이란 말예요!"

동녘이는 어안이 벙벙한 엄마 아빠를 뒤로 하고 현관문을 나섰다.

엘리베이터를 타고 1층으로 내려오니 어제와 같은 아침 풍경이 동녘이 눈앞에 펼쳐졌다. 아파트 앞에 나란히 놓은 재활용 수거함, 고무 매트를 깔아놓은 놀이터, 일정한 간격으로 세워져 있는 가로등, 도로의 횡단보도와 신호등, 학교가 보이는 큰길 입구에 세워져 있는 어린이 보호 구역 간판 등.

학교 갈 때마다 보는 익숙한 것들이지만 동녘이는 언젠가부터 이것들이 새로운 친구를 사귀는 것처럼 흥미롭게 느껴졌다. 공기처럼 모습을 드러내지 않고 숨어서 위험을 막아 주고, 다툼을 조정해 주고, 옳고 그름을 판단해 주는 법을 만나고부터다. 어쩌면 법에 대해 알아갈수록 그 매력에 더 빠져들 것 같다는 생각이 들었다.

동녘이는 사람들이 듣지 못하게 고개를 들고 가만히 속삭였다.

"법아, 우리 곁에 있어 줘서 고맙다!"

▶ 쉬운 법 이야기 ⑨

법은 어떤 역할을 할까요?

약속의 힘

개인 간의 약속은 개인 간의 법률관계를 규율하는 계약이고, 계약은 체결되면 지켜야 해요. 국민 모두가 함께 지키기로 약속하고 만든 법은 국민 모두가 지켜야지요. 법은 국가를 유지하고 국가의 주인인 국민이 행복할 수 있도록 국민들에게 권리의 기초와, 행위에 대한 책임을 질 수 있는 근거를 마련해 주지요. 합리적이고 자율적인 인간이 남과 더불어 살아가면서 약속을 통해 행복한 삶을 꾸려갈 수 있다는 것은 법의 놀라운 힘이에요.

정의로운 법, 공정한 사회를 위하여

인간의 존엄성, 생명을 존중하는 마음, 약자와 어린이를 보호하는 태도 등 우리가 공정한 사회를 위해 가져야 하는 마음가짐은 법을 실현하는 길이지요. 얼마나 정의로운 법이 제정되고 집행되는지가 결국 그 국가와 국민의 수준이에요.

정의는 다른 사람을 나와 달리 여기지 않고 차별하지 않는 태도로부터 시작돼요. 헌법 제11조 제1항은 '모든 국민은 법 앞에 평등하다. 누구든지 성별·종교 또는 사회적 신분에 의하여 정치적·경제적·사회적·문화적 생활의 모든 영역에 있어서 차별을 받지 아니한다.'고 규정하고 있어요. 국가인권위원회법은 성별, 종교, 장애, 나이, 사회적 신분, 출신 지역, 출신 국가, 용모, 등 신체 조건, 혼인 여부, 임신 또는 출산, 가족 형태 또는 가족 상황, 인종, 피부색, 사상 또는 정치적 의견, 범죄 사실, 학력 등을 이유로 특정한 사람을 우대·배제·구별하거나 불리하게 대우하는 행위를 평등권을 침해하는 차별 행위라고 규정하고 있어요.

　주위에서 정의로운 법의 가치에 위배되는 상황이나 그로 인해 피해를 입는 사람을 보게 된다면 고치고 도우려는 노력, 그리고 법을 통하여 보호하고 구제하려는 시도를 해야 해요. 지금까지 우리 사회는 그러한 시도에 의해 발전해 왔고, 앞으로도 정의로운 사회를 향하여 조금씩 나아가도록 애쓸 책임이 모두에게 있기 때문이지요.

생각하기 & 토론하기

❶ 이 책에서 읽은 것 외에 내가 경험한 억울하거나 안타까운 사례에는 어떠한 것이 있나요?

❷ 그 사례의 원인은 무엇이며, 법으로 해결할 수 있는 일이었나요? 만약 법으로 해결되지 않는다면 어떤 방법으로 해결해야 할까요?

일러두기

1. 이 책의 띄어쓰기 원칙은 국립국어원 표준국어대사전을 따랐습니다.
2. 합성 명사는 띄어쓰는 것을 원칙으로 삼았으나 법명과 기관명, 법률 용어는 붙여 썼습니다.

스토리텔링 가치토론 교과서 ❹
어린이를 위한 법이란 무엇인가?

1판 1쇄 발행 | 2017. 2. 27.
1판 7쇄 발행 | 2025. 1. 1.

예영 글 | 김무연 그림

발행처 김영사 | 발행인 박강휘
편집 문자영 | 디자인 김민혜
등록번호 제 406-2003-036호 | 등록일자 1979. 5. 17.
주소 경기도 파주시 문발로 197 (우10881)
전화 마케팅부 031-955-3100 | 편집부 031-955-3113~20 | 팩스 031-955-3111

ⓒ 2017 예영, 김무연
이 책의 저작권은 저자에게 있습니다. 저자와 출판사의 허락 없이 내용의 일부를
인용하거나 발췌하는 것을 금합니다.

값은 표지에 있습니다.
ISBN 978-89-349-7735-3 74810
    978-89-349-6095-9 (세트)

좋은 독자가 좋은 책을 만듭니다. 김영사는 독자 여러분의 의견에 항상 귀 기울이고 있습니다.
전자우편 book@gimmyoung.com | 홈페이지 www.gimmyoung.com

이 도서의 국립중앙도서관 출판시도서목록(CIP)은 서지정보유통지원시스템
홈페이지(http://seoji.nl.go.kr)와 국가자료공동목록시스템(http://www.nl.go.kr/kolisnet)에서
이용하실 수 있습니다. (CIP제어번호 : CIP2017004883)

|어린이제품 안전특별법에 의한 표시사항| 제품명 도서 제조년월일 2025년 1월 1일
제조사명 김영사 주소 10881 경기도 파주시 문발로 197 전화번호 031-955-3100 제조국명 대한민국
사용 연령 10세 이상 ⚠주의 책 모서리에 찍히거나 책장에 베이지 않게 조심하세요.

세상과 통하는 지식학교

열두 살에 처음 만난 경제사 교과서
공병호 글 | 김재일 그림 | 192쪽 | 9,500원

공병호 박사가 아이들의 눈높이에 맞게 경제사를 풀어냈다. 공동체를 이루며 수렵, 채집을 했던 원시 시대에서부터 사유재산이 생겨나게 된 과정, 고대의 해상무역과 중세, 근대를 거치면서 자본주의가 뿌리내리게 된 과정과 발전 등을 아이들에게 들려주듯이 설명하고 있다.

열두 살에 처음 만난 정치
신재일 글 | 박기종 그림 | 172쪽 | 9,500원

고리타분하고 시끌벅적하게만 느끼기 쉬운 정치를 자상한 아빠의 목소리로 친절히 알려주는 책이다. 정치의 진정한 의미는 어떤 것이며, 어떤 역사를 가지고 있는지, 투표는 왜 꼭 해야 하는지, 정치에 왜 관심을 가져야 하는지 등의 생활 속 정치 이야기를 재미있게 들려준다.

2008 아침독서신문 추천도서

처음 만나는 세계 문명
이희수 글 | 심수근 그림 | 292쪽 | 13,000원

이희수 교수가 들려주는 세계 문명 소개서. 세계사에서 중요한 역할을 담당한 문명의 흔적과 이야기를 살펴보고, 세계의 주요 도시와 유적지도 상세하게 보여준다. 서양 문명뿐만 아니라 제3세계의 문명까지, 전 세계의 문명을 아우르는 고급 교양서이다.

2010 아침독서신문 추천도서

열두 살에 처음 만난 국제조약
황근기·손기화 글 | 박종호 그림 | 200쪽 | 10,000원

조약이 무엇인지, 왜 필요한지, 최초의 근대적 조약들로는 어떤 것이 있는지, 세계의 중요한 조약들을 살펴본다. 조약은 지구촌 시대를 살아가는 우리가 꼭 알아야 하는 정보이자 지식이다. 조약을 알면 세계의 큰 흐름을 알 수 있다.

창의적 문제해결력을 키워주는 스토리텔링 수학동화

피타고라스 구출작전
김성수 글 | 최영란 그림 | 208쪽 | 11,000원

혜지와 세민, 주철은 타임머신을 타고 2500년 전 고대 그리스로 날아간다. 그곳에서 철학자이자 수학자인 피타고라스를 만나고, 누군가에게 쫓기고 있는 피타고라스를 돕느라 수많은 위험에 빠진다.

YES 24 이달의 책 선정도서 | 부산시교육청 추천도서 | 책읽는교육사회실천회의 추천도서
★태국·중국 판권 수출

플라톤 삼각형의 비밀
김성수 글 | 최영란 그림 | 220쪽 | 11,000원

주인공 아이들은 게임기를 만지다가 사라져 버린 친구를 찾아 타임머신을 탄다. 도착한 곳은 기원전 4세기 플라톤이 세운 아카데미. 그곳에서 플라톤이 남긴 비밀을 발견하고 이것을 풀기 위해 모험을 시작하는데……

★태국·중국 판권 수출

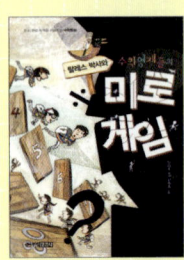

탈레스 박사와 수학영재들의 미로게임
김성수 글 | 유준재 그림 | 208쪽 | 11,000원

전국의 수학영재들이 비밀스런 섬인 신기도에서 열리는 수학캠프에 참가하면서 벌어지는 흥미진진한 미로게임. 세 명의 주인공은 온갖 어려움을 겪으면서 문제를 풀어나가는데…….

★태국·중국 판권 수출

함정에 빠진 수학
권재원 글 | 남궁선하 그림 | 184쪽 | 11,000원

수학이 우리 인간에게 어떤 영향을 미쳤으며, 어떻게 발전하고 있는지 수학과 인간의 관계를 보여 주는 수학동화!

★태국·중국 판권 수출